Krautreporter

Christian Gesellmann
Josa-Mania Schlegel

OST DEUTSCH LAND VERSTEHEN

Bibliografische Information der Deutschen Nationalbibliothek: Die Deutsche Nationalbibliothek verzeichnet diese Publikation in der Deutschen Nationalbibliografie; detaillierte bibliografische Daten sind im Internet über dnb.dnb.de abrufbar.

Umschlaggestaltung: Thomas Weyres
Herstellung: BoD – Books on Demand, Norderstedt
ISBN: 978-3-9820958-0-6

Inhalt

Einleitung

Warum wir ein Buch über Ostdeutschland machen

Christian Gesellmann

»Alle haben die Heimat mitgenommen. Die einen ins Grab, die anderen in die Ferne, die dritten ins Vergessen, die vierten in den Stumpfsinn«, schrieb Roger Willemsen einmal, um dann zu fragen: »Auf was kann man eher verzichten, aufs Weggehen oder aufs Wiederkommen?« Wie viele junge Ostdeutsche trifft mich diese Frage mitten ins Herz. Rund ein Viertel der Menschen aus den sogenannten Neuen Bundesländern ist nach der Wende Richtung Westen gezogen.

Als ich vor sieben Jahren frustriert und erschöpft meine Heimatstadt Zwickau zum zweiten Mal verließ, beschrieb ich die Gründe dafür in einem Essay (»Warum ich aus Sachsen weggezogen bin«). Das Ganze sollte ein Schlussstrich sein. Und wurde im Gegenteil zum Beginn einer Auseinandersetzung mit Sachsen und Ostdeutschland, Rechtsextremismus und der Nachwendezeit. Die überwältigende Resonanz auf den Text mündete schlussendlich in dieses Buch und führte über die Jahre auch zu einer immer intensiveren Auseinandersetzung mit den Aufgaben und Werten des Journalismus insgesamt.

Beides – die Berichterstattung über Rechtsextremismus und seine Ursachen, sowie das Nachdenken über unsere Rolle als Krautreporter in der kolonial geprägten Medienlandschaft Ostdeutschlands (alle Tageszeitungen, die in den Neuen Bundesländer erscheinen, gehören westdeutschen Verlagen wie Springer, Burda, Gruner+Jahr, Medienunion Ludwigshafen etc.) – fand immer im Dialog mit unseren Mitgliedern statt und das gehört für mich zu den schönsten Erfahrungen überhaupt. Wir haben voneinander gelernt, wie wir die richtigen Fragen stellen und wo die Antworten zu suchen sind. Wir haben neue Möglichkeiten des Austauschs wie geschlossene Facebookgruppen, Emailverteiler, Newsletter entwickelt, Leser, Journalisten, Aktivisten, Bürgerrechtler, Lokalpolitiker, Wissenschaftler und Künstler miteinander vernetzt, Workshops organisiert und als Medienpartner von Demokratie-, Dokumentarfoto- und Streetartfestivals mit vielen wichtigen zivilgesellschaftlichen Akteuren Hand in Hand gearbeitet.

Bald waren wir optimistisch genug, um eine Regionalausgabe von Krautreporter in Sachsen zu planen. Dort, wo die Medien ihrer Aufgabe nicht mehr voll gerecht werden – und gerade bei den Neuen Rechten wurde deutlich, dass diese von oberflächlicher, reflexhafter und reichweitenorientierter Berichterstattung profitierten – wollten wir ein zusätzliches Angebot schaffen. Seitdem grüßt unser Reporter Josa Mania-Schlegel wöchentlich per Newsletter aus seinem Leipziger Büro und ist schnell zu einem der meistgefragten Sachsen-Experten geworden. Die Hälfte der Texte in diesem Buch stammt von Josa.

Nach dem Crowdfunding stellten wir jedoch fest, dass unsere Texte über den Osten gar nicht hauptsächlich von unseren Mitgliedern aus dem Osten, sondern denen aus dem Westen gelesen und finanziert werden. Daraus ergaben sich wiederum andere Fragen. Statt lokaler zu werden, entschieden wir uns, den Fokus zu weiten und nach der ausgiebigen Analyse der rechtsextremen Szene sowie des Versagens von Polizei, Politik und Geheimdiensten (siehe Teil 2 in diesem Buch »Der Neue Rechtsextremismus«) zurückzuschauen auf die Transformation Ostdeutschlands vom Kommunismus zur Demokratie, eine Phase unserer Geschichte, die erst seit wenigen Jahren ernsthaft erforscht wird. Was wir darüber gelernt haben, kannst du in Teil 1 »Nachwendewehen« lesen, wo es unter anderem um die Treuhand geht (»Herr Täubert wird nicht mehr gebraucht«) – ein Thema, das inzwischen auch im Wahlkampf angekommen ist.

Ich glaube, was uns von anderen Medien unterscheidet, ist insbesondere, dass wir uns auch mit Lösungen beschäftigen, nicht nur Problemen. In diesem Fall sind das also auch die Fragen: Wie können politische Prozesse reformiert werden, welche Beispiele positiven zivilgesellschaftlichen Engagements gibt es, von denen man lernen kann und wie und warum funktionieren gerade diese? In Teil 4 dieses Buches lernst du Menschen kennen, die uns Hoffnung machen. Die Schülerin Alina aus Thüringen zum Beispiel, die das Nachtleben ihrer Stadt für Frauen sicherer machte, oder Pfarrer Krause aus Sachsen-Anhalt, der zeigt, wie sich ein Ort selbst hilft, der von der Politik vergessen wurde. Wegen der schockierenden rechtsradikalen Ausschreitungen von Chemnitz haben wir uns dann doch noch einmal mit Neonazis beschäftigen müssen. In Teil 3 dieses Buches erfährst du, weshalb ausgerechnet diese Stadt immer wieder im Mittelpunkt steht.

Krautreporter ist ein 2014 gegründetes unabhängiges Online-Magazin. Wir versuchen, die Themen unserer Zeit in aller Komplexität und Vielfalt zu beleuchten. Keine Reflexe und keine Hysterie. Keine Werbung und keine anderen Eigentümer als die aktuell rund 500 Mitglieder unserer Genossenschaft. Wir bearbeiten die Themen in teils sehr langen Artikeln unterschiedlichster Stilrichtungen – von Interviews über Reportagen, Kurzgeschichten, Utopien und Analysen, aber auch unter verschiedenen Blickwinkeln – mal historisch, mal sprachtheoretisch (ein Beispiel dafür ist der Essay »Du findest die AfD ekelhaft? Gründe für mehr Selbstbeherrschung«), mal mit dem Bezug zu aktuellen politischen Entwicklungen oder datenjournalistischen Ansätzen.

Online bündeln wir unsere Berichterstattung zu Themenpaketen. Dieses Buch ist unser erster Anlauf, das auch in einem analogen Produkt zu tun. Der Objektivität gewissermaßen eine Heimat aus Papier geben. Zumindest ist das die beste Beschreibung, die mir einfällt dafür, warum wir dieses Buch über Ostdeutschland machen, und wozu es dir als Leser dienen soll: mit Geschichte, Politik und Menschen in diesem Teil des Landes so gut vertraut zu werden, dass du ihn persönlich ergründen kannst. Mit ein bisschen Glück hilft das uns allen zu erkennen, dass dort wo die Probleme sind, meist auch die Lösungen liegen.

Christian Gesellmann

Teil 1: Nachwendewehen

Der Osten kommt gerade erst in der Demokratie an

Nun ist die Mauer länger weg, als sie da gewesen ist. Und wieder mal fragen viele: Wann hört der Osten auf, anders zu sein? Dabei ist das die falsche Frage.

Als die Mauer weg war, stiegen wir in den roten Skoda, zu sechst, Oma und Opa kamen auch mit, und fuhren ihr noch ein wenig hinterher, der DDR, als würden wir ihr zum Abschied winken wollen. Ich war damals fünf Jahre alt. Nun, 28 Jahre und 89 Tage später, ist die Mauer länger weg, als sie da war.

Und das fühlt sich seltsam an. Denn wer heute auf die Wiedervereinigung blickt, will meist eines wissen: Ob die Unterschiede zwischen Ost und West auch endlich weg sind, ob wir nun tatsächlich »ein Volk«, ob wir Gleiche unter Gleichen geworden sind.

Im Rückspiegel steht immer die Frage: Wann können wir aufhören, uns mit der »besonderen ostdeutschen

Identität« zu beschäftigen? Als wäre das eine nervige Phase, die irgendwann überwunden ist, eine Art staatliche Pubertät. Aber ich sitze immer noch als Kind auf der Rücksitzbank, hinter der der Skoda-Motor kocht, auf dem Schoß meiner Mutter, und auch wenn ich jetzt erwachsen bin, wird sich das nie ändern.

Der Blick in den Rückspiegel löst eine gewisse Erschrockenheit aus, denn wir sind nicht gleich, und obwohl diese ominösen 28 Jahre und 89 Tage uns das Gefühl geben wollen, dass doch genug Zeit vergangen sein müsste, um nun gleich zu sein, haben uns gerade die letzten Jahre, haben uns Pegida und die Erfolge der AfD (stärkste Partei bei der Bundestagswahl in Sachsen!) sowie das Wiedererstarken des Rechtsextremismus wieder deutlich gemacht, dass der Osten vielleicht irreversibel anders ist, dass er vielleicht ein Problem mit der Demokratie hat, der seine Bürger vor 28 Jahren und 89 Tagen so dringend angehören wollten.

Erwachsenwerden in dieser Logik bedeutet: Der Osten soll so werden wie der Westen. Die DDR ist ja schließlich der Bundesrepublik beigetreten, hat ihre Währung, ihr politisches System, ihre Parteien, ihre Politiker, ihre Medien, ihre Aldis und Lidls und ihre Fußballnationalmannschaft bekommen. Der Osten wird immer am Westen gemessen, und zwar nach dessen Maßstäben. Deshalb die Erschrockenheit um so komische Jahrestage wie das Länger-weg-als-da-gewesen-Sein der Mauer.

Ich finde, es ist Zeit, dass wir endlich mit beiden Augen auf unsere Geschichte schauen. Denn das Kapitel DDR kann nicht einfach beendet werden. So, wie auch die Bundesrepublik das Kapitel Nazi-Deutschland nicht einfach beenden konnte. Mit den Studentenprotesten von 1968 musste sich die junge Demokratie ihres totalitären Erbes bewusst werden. Oft auch sehr schmerzlich bewusst werden. Es gab viel Gewalt gegen die Demonstranten, es gab eine Mehrheit der Bevölkerung, Medien und Eliten, die sich nicht mit den Zielen der 68er identifizierte, sie für unverschämt hielt, für den Feind.

Dennoch war dieser gesellschaftliche Prozess wichtig, denn hier übten Bürger der Bundesrepublik ihre demokratischen Rechte, also auch das des Widerstands gegen den Staat aus. Aus diesem Prozess entwickelten sich Bewegungen, die unsere (gemeinsame) Politik bis heute prägen: die Friedensbewegung, die Anti-Atom-Bewegung, die Grünen. Und er wandelte auch Parteien, die es bereits gab, wie die SPD oder die FDP, für immer, hatte Auswirkungen auf die Polizei, die Justiz und das Grundgesetz. Aus Steinewerfern wurden irgendwann sogar Minister, die dann auch beworfen wurden (Joschka Fischer), die aber nun wußten: nicht zurückschießen! Mit Argumenten siegen!

In der DDR wurde der Nationalsozialismus schlicht per Dekret abgeschafft. Eine Aufarbeitung fand nicht statt, und jeder, der etwas gegen den antifaschistischen Staat hatte, der war, na klar, ein Faschist. Wenn die Pegidisten in der Zeitung lesen, sie seien Nazis, denken deshalb nicht wenige von ihnen: Genau wie früher (in ihrem Skoda,-Trabant- oder Wartburg-Rückspiegel sitzt vielleicht kein

Kind auf dem Schoß seiner Mutter, sondern ein junger Erwachsener, mit langen Haaren und Angst vor der Stasi).

Diesen 68er-Moment, dieses Einüben der politischen Prozesse, dieses Ausüben des Widerstands gegen den Staat, dieses Neuverhandeln des Zusammenlebens, gab es im Osten in dieser Form nie. Beziehungsweise: den gab es bis vor vier Jahren nicht (ist das erst so lang her?), bis aus einer Demonstration »Patriotischer Europäer gegen die Islamisierung des Abendlandes« in Dresden eine bundesweite, aber vor allem im Osten starke, diffuse Protestbewegung gegen »die da oben« wurde, gegen die politischen Eliten, die Medien, den Staat in seiner heutigen Form insgesamt.

Es ist ein Irrtum zu denken, dass die friedliche Revolution von 1989 bereits ein solcher 68er-Moment gewesen ist. Sie ist von einer vergleichsweise kleinen, und notwendigerweise häufig im Verborgenen aktiven Gruppe Bürgerrechtler initiiert worden, die praktisch sofort danach wieder irrelevant wurde. Sie strebten mehrheitlich keinen Systemumsturz, keine Revolution an, sondern eine Reform des Bestehenden, eine Reform des demokratischen Sozialismus.

Die Massen, die schließlich den Aufrufen zur Demonstration folgten, lösten eine ganz eigene Dynamik aus, aus ihnen wurde eine viel unkonkretere Bewegung, die die Wiedervereinigung erzwang. Aber es war deshalb eben eher eine nationalistische, als eine demokratische Bewegung.

Nach dem Mauerfall wollte oder konnte sich die Mehrheit der Deutschen nicht mit den Fragen der Demokratisierung beschäftigen. Im »Kampf der Kulturen« (Samuel Huntington) hatte es einen klaren Sieger gegeben: die Demokratie des Westens. Und einen klaren Verlierer: den Sozialismus des Ostens. Es war das »Ende der Geschichte« (Francis Fukuyama). Und das war es auch für eine Weile.

Zwar wurde diskutiert, ob die DDR gemäß Artikel 23 des Grundgesetzes der BRD beitreten sollte, oder ob sich Vertreter aus BRD und DDR zusammensetzen sollten, um gemeinsam eine neue Verfassung auszuarbeiten, gemäß Artikel 146 des Grundgesetzes.

Aber im Osten wurden die Parteien gewählt, die gegen eine neue Verfassung und für den schnellen Beitritt waren. Das war auch nachvollziehbar, niemand wußte, wie lange das historische Zeitfenster offen bleiben würde, das die Wiedervereinigung überhaupt erlaubte. Und im Westen fand man: Das Grundgesetz von 1949 ist zwar von seinen Verfassern bewusst als vorläufig vorgesehen gewesen, deshalb hieß es ja auch nicht Verfassung, obwohl es eine ist. Aber man könnte es heute schlicht nicht nochmal besser machen. Wenn überhaupt, bräuchte es zunächst eine neue Phase der deutschen Identitätsbildung, lautete die Meinung einiger Intellektueller.[1]

Obwohl weit über hundert westdeutsche Rechts- und Sozialwissenschaftler, ebenso die Autoren vom Runden

1 Siehe dazu das Dossier der Bundeszentrale für politische Bildung »Deutsche EInheit - Deutsche teilung«. http://www.bpb.de/geschichte/deutsche-einheit/deutsche-teilung-deutsche-einheit/43813/die-frage-nach-der-verfassung

Tisch, die eine neue DDR-Verfassung entworfen haben, für eine Vereinigung nach Artikel 146 plädierten, hat man sich seither mit dieser Frage nicht mehr tiefer beschäftigt. Wie soll die Identitätsbildung aussehen? Wie viel Zeit will man sich dafür nehmen? Das Thema neue, gesamtdeutsche Verfassung kam in die Wiedervorlage. Und dort liegt es bis heute und raschelt höchstens manchmal, wenn die zerfledderte Akte vom deutschen Leitbild wieder aus dem Schrank gezogen wird.

Auch ansonsten blieben die Ossis bei der Demokratisierung ihres Landes bekanntermaßen häufig Zaungäste. Spitzenpolitiker und -beamte wurden importiert und durften wie kleine Autokraten regieren und verwalten. So haben es dann auch die Lokalpolitiker oft nachgemacht, und viele tun es bis heute.

Die Treuhand erledigte die Transformation zum Kapitalismus, bei wenig Transparenz und so gut wie keiner Mitwirkung der Betroffenen. Die Gewerkschaften konnten in den Betrieben nie die Stärke erreichen, wie das im Westen der Fall gewesen ist. Auch das wäre eine Form des Lernens demokratischer Prozesse gewesen, aber hier war der Neoliberalismus im Weg.

Man könnte noch viele solcher Beispiele aufzählen, aber eines ist mir ganz besonders haften geblieben: Die Weigerung der SPD, ehemalige SED-Mitglieder aufzunehmen.

Die SPD ließ Menschen, die einer demokratischen Partei in einer für sie neuen Staatsform beitreten wollten, nicht herein. Aus damaliger Sicht sicher nachvollziehbar. Man wollte niemanden in den Reihen, der sich mit einer Diktatur gemein gemacht hatte. Aber die SED hatte zum Schluss noch fast zwei Millionen Mitglieder. Davon sind gerade einmal 285.000 beim SED-Nachfolger PDS hängen geblieben, deren Nachfolger Die Linke hat heute noch 60.000 Mitglieder.

Zur Erinnerung: 1946 wurden in Gotha die SPD und die Kommunistische Partei Deutschlands zur SED zwangsvereinigt. Der Bürgermeister von Gotha erzählte mir einmal: »Die SED war bis zum Schluss eine Partei mit Sozialdemokraten und Kommunisten. Ich hatte einen guten Freund, er ist mit 90 Jahren verstorben, der ist 1945 in die SPD eingetreten, 46 wurde er vereinnahmt und war dann in der SED, 89 trat er sofort aus, ging zur SPD und sagte: ›Ich bin wieder da.‹ Da haben die gesagt: ›Du Schwein. Was willstn du hier, du bist SED-Bonze, hau ab!‹ Sowas ist tausendfach passiert, deswegen kommt die SPD hier nicht hoch.«

3.800 Genossen gibt es heute in Thüringen, 3.700 in Sachsen-Anhalt, 4.900 in Sachsen. So viel hat die Partei in einer durchschnittlichen Stadt in Nordrhein-Westfalen. Unter denen, die die SPD ablehnte, waren auch viele, die während der Wendezeit auf die Straße gegangen waren. Die Botschaft an sie kann nur so angekommen sein: Dein Land ist jetzt demokratisch, aber du bist es nicht.

Was hat das jetzt alles mit Pegida zu tun? Ich will den Vergleich mit 1968 nicht überstrapazieren. Aber auffällig ist, dass beide Bewegungen zu ähnlichen Zeitpunkten entstanden sind, nämlich eine Generation nach Entstehen der jeweiligen Demokratie, gegen die sie sich auflehnen. Gemein ist ihnen auch, dass sie zwar von einem breiten Durchschnitt an Menschen getragen, aber von einer Mehrheit der Bevölkerung und der Eliten abgelehnt werden bzw. wurden.

Die 68er sind den Marsch durch die Institutionen gegangen und das bedeutete auch: viele Kompromisse mit dem bestehenden System. So haben sich die 68er und das System gegenseitig verändert, eben weil es auch möglich war, sich gegenseitig zu vereinnahmen.

Und hier fangen die Unterschiede an: Pegida und die AfD haben sich immer weiter radikalisiert, beide sind heute vielleicht schon so unvereinbar mit den Werten unserer Demokratie, dass sie ausschließlich als Gegner wahrgenommen werden müssen. Genau das ist das vermeintliche Paradox.

Die Auseinandersetzung mit dem heutigen Protest gegen den Staat und seine Eliten in Deutschland scheitert, weil nicht nur die Form des Protests, sondern der Protest insgesamt abgelehnt wird. Er wird zwar nicht mehr niedergeknüppelt. Aber er galt von Anfang an als illegitim, als verfemt, aus der wehrhaften Demokratie im grünen Parka ist eine beleidigte alte Dame in weißen Handschuhen geworden, nach dem Motto: Also wenn Ihnen unsere Politik nicht gefällt, dann gehen Sie doch woanders hin!

Das ist undemokratisch und liegt eben zum Teil an dem Missverständnis, dass der Osten wie der Westen werden muss oder irgendwann so sein wird, sei es nun 28 Jahre oder 56 Jahre später. Die Geschichte und die Biografien können nicht verändert werden, sie können nur zusammen wachsen – vorausgesetzt, man tut das tatsächlich auch zusammen. Und nicht einer für den anderen.

Es wird erwartet, dass die Leute, die zu Pegida gehen oder die AfD wählen, schon wissen, wie man demokratisch, fair und gewaltfrei gegen eine Regierung oder gegen die Form des Regiertwerdens protestiert – aber wenn es das erste Mal seit der Wende ist, und das heißt für den Osten das erste Mal in einem demokratischen Staat seit 1933 – woher sollen die Leute die Übung und Kenntnis für diesen Streit haben?

Die Lokalpolitiker und Stadtverwaltungen im Osten, die den Streit vor Ort führen müssten, haben sie nicht. Der Osten hat sein totalitäres Erbe nicht aufgearbeitet und hat deshalb auch kaum Übung darin, Protest konstruktiv auszudrücken. »Wann hätte die auch gesammelt werden sollen? In den Jahren zwischen 1919 und 1933?«, fragt der Politologe Ivan Krastev.[2]

---

2 Krastev sieht in den Entwicklungen in den Neuen Bundesländern viele Parallelen zu den nationalistischen Reflexen in anderen ehemaligen Ostblockstaaten wie Polen und Ungarn. Siehe: Ivan Krastev: Europadämmerung. EIn Essay, erschienen bei Suhrkamp.

An diesen Leerstellen (fehlende Übung) tritt ein typischer Effekt auf: Sie werden mit symbolischen Gewaltaktionen gefüllt, wie die Autorin Jana Hensel[3] beschreibt:

»Was wir bei Pegida und der AfD sehen, ist etwas, das wir in der Nachwende-Geschichte Ostdeutschlands immer wieder finden, zum Beispiel an Phänomenen wie in den frühen 90er-Jahren, Rostock-Lichtenhagen oder auch in Hoyerswerda. Wir finden massive Fremdenfeindlichkeit, wir finden Eruptionen von Fremdenhass, die sich gleichsam gegen das demokratische System wenden. Wenn wir über die Unterschiede zwischen Ost und West sprechen, dann ist das ein großer Unterschied. Auch in Westdeutschland gibt es Fremdenfeindlichkeit und Rassismus. Aber der richtet sich nicht gegen das System, während die Fremdenfeindlichkeit in Ostdeutschland immer auch ein Mittel war, gegen die da oben zu demonstrieren.«[4]

Der Dresdner Theologe Frank Richter, ehemals Chef der sächsischen Landeszentrale für politische Bildung, nennt

3 Siehe: https://www.zeit.de/2017/35/rostock-lichtenhagen-fremdenfeindlichkeit-gewalt-ostdeutschland

4 Auch die Reichsbürgerbewegung könnte man im Kontext einer solchen symbolischen Gewaltausübung verstehen. Sie haben sich aus Protest symbolisch selbst aus dem Staat entfernt, indem sie erklärten, ihn und seine Insignien nicht mehr anzuerkennen. Bis zu 20.000 Menschen werden zu dieser Bewegung inzwischen gezählt. Die meisten leben übrigens in Niedersachsen, was auch nochmal deutlich macht, dass der Unmut gegenüber dem Staat kein rein ostdeutsches Problem ist. Interessant ist auch das: Viele Reichsbürger erklären die Bundesrepublik für illegitim, weil das Grundgesetz ihrer Auffassung nach mit der deutschen Einheit außer Kraft gesetzt wurde. Sie berufen sich dabei auf den oben erwähnten Artikel 146 GG.

das das »Verhängnis der unvollendeten Revolution.«[5] Vielleicht ist es tatsächlich Zeit zu überlegen, wie ein neuer verfassungsgebender Prozess aussehen könnte und die Reform des Grundgesetzes angegangen werden könnte. In den letzten 28 Jahren und 89 Tagen ist ja nicht nur die Mauer alt geworden. Die Wende war nicht das Ende der Geschichte, es war nur eine Pause. Inzwischen haben sich ein paar andere Annahmen über unsere Welt verändert und fordern eine Reaktion: die Herausforderungen der Globalisierung, Digitalisierung, des Klimawandels; die Möglichkeiten der weiteren europäischen Vereinigung; die Krisen der Parteien und Gewerkschaften; die Folgen eines enthemmten Kapitalismus und Monopolismus; sowie die eben auch die Frage einer gesamtdeutschen politischen Identität.

Das alles sollte möglichst nicht als Reaktion auf Gewalt geschehen, sondern aus dem Verständnis heraus, dass diese verhindert werden muss. Das wird zukünftig nur noch schwerer, wenn diejenigen mit in Regierungsverantwortung kommen sollten, die nur das Mittel der Gewalt kennen, weil sie irgendwann einmal in der DDR abgefahren, aber nirgendwo mehr angekommen sind.

---

5 In seinem Büch »Hört endlich zu«, das im März 2018 im Ullstein-Verlag erschienen ist.

Christian Gesellmann

Die Treuhand, verständlich erklärt

Die Treuhand hat nach der Wiedervereinigung 8.400 Betriebe der ehemaligen DDR in das neue System überführt. Heute reden wieder alle über sie. Warum? Ist sie wirklich für den Aufstieg der AfD mitverantwortlich? Was haben Thilo Sarrazin und die RAF mit der Treuhand zu tun? Und was wäre die basisdemokratische Alternative zur rasanten Privatisierung gewesen? Hier beantworte ich die wichtigsten Fragen.

Die Treuhand? Warum denn jetzt schon wieder ein Artikel über eine dieser alten Ossi-Wessi-Geschichten?

Weil die Treuhand die Wirtschaft in Ostdeutschland ganz entscheidend geprägt hat, und dabei sind ein paar Sachen passiert, die viele Ostdeutsche bis heute stark stören.

Was denn zum Beispiel?

Schau dir diese Zahlen an:

80 Prozent der Betrieb der DDR hat die Treuhand an Westdeutsche verkauft

15 Prozent an Ausländer
5 Prozent an Ostdeutsche

Nur fünf Prozent an Ostdeutsche. Das ist natürlich wirklich ziemlich wenig.

Und das hat sich bis heute kaum verändert. Zurzeit gehören Ostdeutschen nur etwa 15 Prozent der Betriebe im Osten. Auf den Chefsesseln sind sie stark unterrepräsentiert, nicht nur in der Wirtschaft, auch in den Kulturbetrieben und Hochschulen.[6] Und sie verdienen immer noch deutlich weniger.

Aber trotzdem: Das mit der Treuhand ist doch schon fast 30 Jahre her, spielt das heute noch eine Rolle?

Ja, auf jeden Fall. Ostdeutsche Kommunen haben im Durchschnitt gerade einmal die Hälfte der Steuereinnahmen (pro Kopf) im Vergleich zu westdeutschen Kommunen.[7] Denn die wichtigste Einnahmequelle für Städte und Gemeinden sind die Gewerbesteuern, die Unternehmen zahlen. Dadurch, dass die meisten Betriebe im Osten nicht den Menschen vor Ort gehören, sondern häufig immer noch die verlängerte Werkbank westdeutscher Betriebe sind, zahlen sie auch den Großteil ihrer Steuern nicht im Osten.

---

6 Das zeigt eine Studie der Uni Leipzig: https://www.mdr.de/heute-im-osten/wer-beherrscht-den-osten-studie-100.html

7 Das steht im Jahresbericht der Bundesregierung zum Stand der Deutschen Einheit: https://www.bmwi.de/Redaktion/DE/Publikationen/Neue-Laender/jahresbericht-zum-stand-der-deutschen-einheit-2018.pdf

Warum?

Den Hauptanteil der Steuern zahlt ein Unternehmen dort, wo es seinen Hauptsitz hat. Und dort, wo die Konzernzentrale ist, sind in der Regel auch die am besten bezahlten Jobs sowie die Forschungs- und Entwicklungsabteilungen. Wenn ein Betrieb in Thüringen Motoren für Mercedes herstellt, die dann im Stammwerk in Stuttgart in die Autos eingebaut werden, profitiert die Stadt Stuttgart davon also gleich doppelt. Ungefähr jeder dritte Motor aus dem Hause Daimler (Mercedes Benz und Smart) wird übrigens in Thüringen gebaut.

Gleich kommt das alte Argument, dass der Osten auch kein DAX-Unternehmen beheimatet.

Und wie das kommt: Man darf nicht unterschätzen, welche Auswirkungen das auf die kommunalen Finanzen hat. Denn fast jedes der 30 Unternehmen, die im Deutschen Aktienindex (DAX) geführt werden, gehören zu den größten Arbeitgebern auch im Osten Deutschlands: Siemens, Volkswagen, BMW, Continental, Daimler, die Telekom, die Deutsche Post, die Chemieindustrie und so weiter. Und es sind nicht nur die börsennotierten Unternehmen: Von den größten 500 Konzernzentralen liegen 464 im Westen und 36 im Osten Deutschlands. »Thüringens Steuerkraft pro Kopf liegt bei 53 Prozent des Bundesdurchschnitts, die Wirtschaftskraft bei 74 Prozent. Dies sind alles Konsequenzen auch aus den Weichenstellungen der Treuhandpolitik«, schreibt deshalb zum Beispiel Thüringens linker Ministerpräsident Bodo Ramelow in seinem Onlinetagebuch.

Okay, was hat die Treuhand denn nun genau gemacht?

Ab Juli 1990 gehörten ihr alle 8.400 einst nach sowjetischem Vorbild verstaatlichten sogenannten Volkseigenen Betriebe (VEB) der DDR. Aufgabe der Treuhand war es, sie zu privatisieren. Praktisch über Nacht wurde die Anstalt so zum größten Arbeitgeber der Welt, verantwortlich für vier Millionen Arbeitnehmer.

In ihrem ersten Jahr wurde ihr Vorstand ermordet, die Berliner Niederlassung abgebrannt, die Zentrale mehrfach besetzt. Die Treuhand mutierte zum Feindbild schlechthin. Aber sie machte weiter, privatisierte, sanierte und liquidierte Betriebe wie am Fließband. Unternehmen mit Hunderten Mitarbeitern wurden teilweise im Minutentakt an Interessenten verkauft, die in den überfüllten Fluren der Treuhandniederlassungen warteten. 1994 erklärte die Anstalt ihre Aufgabe für erfüllt. Rund 2,5 Millionen Arbeitsplätze in Ostdeutschland waren da verschwunden, 4.000 Unternehmen dicht gemacht, 250 Milliarden D-Mark Schulden aufgelaufen.

Wow. War das nicht ein Riesenthema in den Neunzigern? Warum reden wir denn jetzt darüber?

Allgemein schien sich die deutsche Politik in Ost wie West damit abgefunden zu haben. Und das ist ein Fehler, den vor allem eine Partei nun für sich nutzen kann, die ansonsten mit wenig anderem als ihrem Rassismus auffällt.

Du meinst natürlich die AfD.

Ja. Die macht gerade mit den Ungerechtigkeiten der Wendezeit Wahlkampf in Brandenburg, Sachsen und Thüringen, wo im Herbst jeweils der Landtag neu gewählt wird. In keiner Partei ist der Anteil der Menschen, die sagen, vor 1989 sei die Lebenssituation besser gewesen, annähernd so hoch wie bei der AfD.

Aber die AfD hat das Thema nicht zuerst wiederentdeckt. Erinnerst du dich, wie mit Beginn der Flüchtlingskrise 2015 die Zahl fremdenfeindlicher Straftaten so gut wie überall in Deutschland stark anstieg, im Osten allerdings besonders stark?

Ja. Die Rechtsradikalen tauchten wieder aus der Versenkung, und die AfD stieg zu einer der erfolgreichsten Parteien auf.

Seitdem fragt sich Deutschland wieder, was mit den Ossis eigentlich verkehrt ist, ob die ein Problem mit der Demokratie generell haben. Seitdem wird auch wieder viel über die ziemlich unerforschte Geschichte der Treuhand gesprochen – vor allem im Osten. Und seit Kurzem fragen sich immer mehr junge Menschen hier, ob der Hass von heute etwas mit den Ungerechtigkeiten von damals zu tun hat. Darüber hat mein Kollege Josa geschrieben, in seinem Artikel »Den jungen, wilden Ostdeutschen gelingt etwas, an dem Parteien und Politiker verzweifeln« (ab Seite xx in diesem Buch). Er hat Philipp Rubach, einen Gründer der Initiative »Aufbruch Ost«, porträtiert, der zwar erst sechs Jahre nach der Wende geboren wurde, aber dennoch ständig mit der Treuhand konfrontiert wird, wenn es in der Familie um Politik geht:

»An jedem Kaffeetisch, sagt Rubach, fängt der Opa heute von Neuem an: Von den Westdeutschen, wie sie mit schwarzen Aktenkoffern kamen. Wie sie sagten: Jetzt ist Schluss hier. Wie sie die Ferienwohnungen des Betriebs in den Westen verkauften. Aber außer dem Kaffeetisch schien den Opa niemand anhören zu wollen, gerade die Politik nicht. Rubach sagt: Es gibt für das Thema Treuhand bis heute keinen Erzählraum. Und deshalb, glaubt Rubach, ließ sich die Wut der Ostdeutschen jetzt so leicht in eine andere Richtung lenken. Rubachs Kampf für den Osten, das merkt man schnell, gilt auch der AfD.«

Für diejenigen, die direkt von den Entscheidungen der Treuhand betroffen waren, weil sie ihre Jobs verloren und damit oft auch jede Perspektive, ist die Anstalt immer noch ein Stück Gegenwart. Denn es folgte nie eine Zukunft auf sie, wie du in dem Portrait eines Ingenieurs lesen kannst, den wir in Leipzig getroffen haben (ab Seite xx in diesem Buch). Es gibt nun auf jeden Fall eine Menge neuer Bücher, Forschungsansätze[8], Studien, Ausstellungen, Diskussionsrunden und Veranstaltungen wie »Kombinatsdirektoren erzählen« zur Treuhand. Einig sind sich alle darin, dass die Erinnerung der West- und Ostdeutschen an die unmittelbare Nachwendezeit kaum unterschiedlicher sein könnte.

8 Siehe: https://zeitgeschichte-online.de/themen/weder-ost-noch-west

Inwiefern?

Dazu habe ich die Krautreporter-Mitglieder nach ihrer Meinung gefragt.[9] Bei den Mitgliedern aus dem Osten steht die Treuhand für eine Politik, die hauptsächlich mit Betrug, Enteignung und Kolonialisierung verknüpft wird. Bei denen im Westen für eine zwar schmerzhafte, aber alternativlose und letztlich erfolgreiche Strategie, die vor allem viel gekostet hat.[10]

»Das Problem oder die Probleme, die heute den Osten prägen, sind meines Erachtens hauptsächlich durch die Treuhand verursacht. Ich befürchte, dass sie vorsätzlich so gehandelt hat. Und daher hab ich in dieser Frage ziemlich viel Wut im Bauch, auch wenn ich das nicht weiter belegen kann«, sagt KR-Mitglied Ludwig aus Weimar. »Als Wessi darf man sich ja eigentlich nicht dazu äußern, weil die Treuhand ja die Ursache allen Übels ist und niemand mehr

---

9 Mehr als 30 KR-Mitglieder haben mir mit ihren Fragen, Erfahrungen und Recherchetipps bei diesem Text geholfen, darunter viele Zeitzeugen! Danke für eure wertvollen Fragen, Lektüretipps, Meinungen und Anekdoten: Adalbert, Andreas, Carmen, Carolin, Christian, Clemens, Daniel, Elisabeth, Frank, Friedrich, Grit, Hans, Hartmut, Helmuth, Herbert E., Herbert H., Jens, Liane, Ludwig, Magnus, Marianne, Martin, Nora, Philipp, Reinhard, Simon, Stephan, Susanne, Tobias, Tonka, Ursula, Wolfram.

10 Nur 20,3 Prozent der Westdeutschen und 32,8 Prozent der Ostdeutschen unter 40 wissen, was die Treuhandanstalt war. Die über 40-Jährigen in West (85,1 Prozent) und Ost (94,5 Prozent) wissen hingegen ziemlich gut Bescheid. Sie scheinen es nur nicht weiterzuerzählen, stellten die Forscher der Uni Bochum um Marcus Böick fest, die vor zwei Jahren im Auftrag der Ostbeauftragten der Bundesregierung eine maßgebliche neue Studie über die Treuhand veröffentlichten: https://www.bmwi.de/Redaktion/DE/Publikationen/Studien/wahrnehmung-bewertung-der-arbeit-der-treuhandanstalt-lang.html

in Erinnerung hat, wie runtergekommen die DDR-Wirtschaft war«, schreibt Leserin Elisabeth aus Frankfurt am Main.

Kurz: Zur Treuhand gibt es nur extreme Meinungen.

Leider. Denn, wie der Magdeburger Sozialwissenschaftler David Begrich in einem Interview mit der Taz[11] erklärt: »Die Folgewirkungen des Umbruchs werden bis heute unterschätzt. Solange im Osten eine Wahrnehmung eint, man sei von den Westdeutschen über den Tisch gezogen worden, muss man sich nicht mit der Frage beschäftigen, was es hier in den 90er Jahren auch an hausgemachten Fehlern gab.« Für die Ostdeutschen ist dieses Gefühl, über den Tisch gezogen worden zu sein, fest mit dem Name Treuhand verknüpft. Der Treuhand-Forscher Marcus Böick aus Bochum nennt sie deshalb »Traumatisierungsanstalt«, der Verwaltungswissenschaftler Wolfgang Seibel bezeichnet sie als »Blitzableiter«. Und das ist zumindest teilweise unfair.

Jetzt fängst du an, die Treuhand zu verteidigen, oder was?

Ein bisschen. Denn selten wird berücksichtigt, was für eine enorme Aufgabe die Anstalt zu bewältigen hatte, und unter wie viel Druck ihre Mitarbeiter dabei standen. Nie hat es einen ähnlichen Vorgang gegeben. Laut Wikipedia

11 Siehe: https://taz.de/Soziologe-ueber-den-AfD-Ost-Wahlkampf/!5614479/

wurden zwischen 1980 und 1987 weltweit nur etwa 1.000 staatliche Unternehmen privatisiert. Und alle in einem marktwirtschaftlich stabilen Umfeld. Die Treuhand hatte ein Vielfaches davon zu tun. Und das im Umfeld eines zerfallenden Staates. Das Thema bietet also eine Menge Zündstoff.

Lass uns mal über den Namen sprechen. Treuhand – das klingt so vertrauenerweckend. Passt so gar nicht zu dem, was du über sie bis jetzt so erzählt hast.

Witzig, dass dir das auch aufgefallen ist. Denn es scheint tatsächlich einen Zusammenhang zwischen der Namenswahl und der öffentlichen Kritik an der Anstalt zu geben. Die meisten Menschen wissen gar nicht, dass die Treuhand 1994 nicht einfach aufgehört hat zu existieren. Sie hat sich nur umbenannt. Seit 1995 heißt sie »Bundesanstalt für vereinigungsbedingte Sonderaufgaben«. Unter ihrem neuen Namen wurde die Anstalt von ihren Kritikern aber ganz schnell vergessen, wie Medienanalysen zeigen.

»Scheiß Treuhand!«, lässt sich auch viel leichter rufen als: »Scheiß Bundesanstalt für vereinigungsbedingte Sonderaufgaben!«

Eben. Der Begriff Treuhand hat mehrere Bedeutungen, im Prinzip geht es aber immer um das Gleiche: Dem Treuhänder wird eine Sache anvertraut, die ihm nicht gehört, damit er sich drum kümmert, während der eigentliche Eigentümer mit sich selber klarkommt.

Ein Beispiel aus dem Redaktionsalltag: Fotoredakteur Martin kauft mit Krautreporter-Geld ein tolles Buch, damit wir Schreibknechte endlich lernen, ordentliche Bilder zu machen. Chefredakteur Rico krallt es sich zuerst, dann liegt es auf seinem Schreibtisch, und irgendwann wandert es zu ihm nach Hause oder so, jedenfalls ist es nie da, wenn ein Autor, der nicht in Berlin lebt, sondern sagen wir mal in Jena, vorbeikommt, um es sich auszuleihen. In solchen komplizierten Situationen brauchen wir dann Vera, unsere Redaktionsmanagerin. In ihre treuen Hände geben wir das Buch. Ihr gehört es zwar eigentlich auch nicht, aber wir tun alle so, als würde es ihr gehören, weil wir insgeheim wissen: Ist besser so. Sie passt auf, dass es jeder lesen darf und dass es notfalls ersetzt wird, falls es irgendwie wegkommt, und dass Martin endlich die Quittung wegen der Steuererklärung vorbeibringt. Vera handelt in Fällen wie diesen wie eine Treuhänderin. Es ist ein undankbarer Job. Danke, Vera.

Warum brauchte es überhaupt eine Treuhand in Ostdeutschland?

Bei der Treuhandanstalt ging es nicht um ein Fotobuch, sondern um eine komplette Volkswirtschaft. In der BRD, heute wie damals, gibt es die soziale Marktwirtschaft. Das heißt: Eigentum ist geschützt. Krautreporter zum Beispiel gehört den Mitgliedern unserer Genossenschaft. Volkswagen gehört der Familie Porsche und dem Land Niedersachsen. Die Deutsche Bank gehört Investmentfonds aus China, Katar und den USA. Die Deutsche Bahn gehört dem Staat. Und so weiter. Im Wirtschaftssystem der DDR gab es offiziell aber kein Eigentum. Alles gehörte allen.

Wie, es gab kein Eigentum?

In der DDR gab es die zentrale Planwirtschaft. Die Industrie- und Landwirtschaftsbetriebe im Inland tauschten ihre Waren untereinander nach zuvor festgelegten Plänen (meist Fünfjahrespläne), und international tauschten die anderen Länder des Warschauer Pakts ihre Waren und Rohstoffe ebenfalls untereinander. Alles gehörte allen – das ist die Bedeutung von »Volkseigener Betrieb«. Aber eben nur theoretisch. Denn die Bürger der DDR besaßen keinerlei Anteilsscheine, Aktien oder ähnliches, um sich auf ihren Teil vom Kuchen berufen zu können. Formal unterstand das Volkseigentum der DDR-Partei- und Staatsführung.

Man könnte also auch sagen: Keinem gehörte irgendetwas.

Ja. Mit der Wiedervereinigung der beiden deutschen Staaten musste geregelt werden, wem die Betriebe, ihr Kapital und ihre Immobilien sowie Grundstücke in Zukunft gehören würden. Und bis dahin wurde alles einer Treuhandanstalt anvertraut.

Nach welchen Vorgaben hat die Treuhand denn Betriebe verkauft? Sollte es vor allem schnell gehen? Wollte man Arbeitsplätze erhalten?

Die zweite Präsidentin der Treuhand, Birgit Breuel, hat drei Grundsätze für ihre Mitarbeiter formuliert: »Schnell privatisieren, weil wir der Auffassung sind, dass Privatisieren die beste Form der Sanierung ist. Das zweite

Motto heißt: Entschlossen sanieren. Da, wo Zukunft möglich ist, soll Sanierung durchgeführt werden, um auch hier den Menschen mehr Mut und Hoffnung zu machen. Und das dritte Motto heißt: Behutsam stilllegen.«

Äh, gehts vielleicht noch ein bisschen konkreter?

Nee, eigentlich nicht. Das klingt jetzt blöd, ich weiß. Ist aber so. Zuständig für die Treuhand war das Finanzministerium unter Theo Waigel von der CSU. Waigel verglich den »Aufbau Ost« gern mit dem Wiederaufbau der Bundesrepublik nach dem Zweiten Weltkrieg. So wie damals müsse sich der Staat raushalten, wenn das »kreative Chaos« des Marktes die Wirtschaft in Gang bringt. Und dementsprechend verlangte er von der Treuhand eigentlich nur eins: Sich möglichst schnell wieder in Luft aufzulösen. Soziale oder politische Erwägungen sollten keine Rolle spielen. Das wird auch an diesem kuriosen Fakt deutlich: Der »Kanzler der Einheit«, Helmut Kohl, stattete der Anstalt, die die Wirtschaft der beiden Länder vereinigen sollte, in vier Jahren nur einen einzigen Besuch ab.

Hä? Warum das denn?

Man wollte einen vermeintlichen Fehler der bundesrepublikanischen Politik der vergangenen Jahrzehnte vermeiden: Betriebe und Wirtschaftszweige, die nicht mehr wettbewerbsfähig waren, sollten nicht künstlich mit Subventionen am Leben erhalten werden. Besonders der teure, jahrzehntelange Abbau der 600.000 Arbeitsstellen im Steinkohlebergbau wurde hier immer wieder als Negativbeispiel genannt. »Niemand fällt ins Bergfreie«, versprachen die Politiker den Kumpels im Ruhrpott, als sie mit den Kohlepreisen aus Australien nicht mehr konkurrieren konnten, was bedeutete: keine betriebsbedingten Kündigungen.

Dieses Versprechen hat die deutsche Politik gehalten. Erst im Dezember letzten Jahres machte die letzte Zeche dicht. Heute bewundert man in vielen Ländern – ganz besonders in Australien[12] – diese geduldige, sozialverträgliche Politik. In Ostdeutschland wollte sie die Regierung in Bonn aber nicht anwenden. Der spätere Bundespräsident Horst Köhler war Anfang der 1990er Jahre im Finanzministerium beschäftigt und prägte einen Satz, der vielen Ostdeutschen im Gedächtnis hängengeblieben ist: »Es muss auch mal gestorben werden.«

Und wie viele Betriebe wurden liquidiert?

Als die Treuhand 1994 ihre Arbeit beendete, hatte sie die VEBs in 12.000 Einzelteile zerlegt. Ein Drittel wurde dichtgemacht.

Und der Rest?

Die Hälfte der 12.000 Betriebe wurde privatisiert und verkauft. Fast alle gingen an westdeutsche Firmen und Unternehmen aus dem Ausland. Aus dem Konsum wurde Aldi. Statt Trabant liefen nun Volkswagen vom Fließband.

---

12 Siehe: https://www.smh.com.au/environment/climate-change/how-germany-closed-its-coal-industry-without-sacking-a-single-miner-20190711-p526ez.html

Zwei Prozent der Betriebe gingen an Kommunen. 13 Prozent wurden an ihre früheren Besitzer zurückgegeben.

Was heißt, Betriebe wurden zurückgegeben?

In der Sowjetischen Besatzungszone und in der DDR wurden nach dem Zweiten Weltkrieg viele Firmeneigentümer, Bauern und Grundstücksbesitzer enteignet. Manchmal wurden die Bürger entschädigt, wenn ihr Eigentum verstaatlicht wurde, manchmal nicht. Auch nach der Wende gab es in dieser Frage nicht wirklich Gerechtigkeit. Es bekamen nur diejenigen ihr Eigentum zurück, die nachweisen konnten, dass sie »teilungsspezifisches Unrecht« erlitten haben. Mit anderen Worten: Wer von der DDR angearscht wurde, weil er in die BRD geflüchtet war, der hatte Ansprüche. Wer von der DDR angearscht wurde, einfach weil es die DDR war, hatte Pech.

Wie viel hat das alles eigentlich gekostet?

Die Treuhand steckte nach eigenen Angaben rund 150 Milliarden D-Mark in die Sanierung der Betriebe. Vor allem musste sie Schulden der Betriebe abbezahlen: Das allein kostete 78 Milliarden D-Mark. Die Beseitigung von ökologischen Altlasten weitere 44 Milliarden D-Mark.

War denn die DDR-Wirtschaft überhaupt noch irgendetwas wert?

Es gibt nur Schätzungen. Hans Modrow, der nach der Wende Regierungschef der DDR war, sprach davon, dass das Volksvermögen 1.000 Milliarden Ostmark wert war. Eine Forschungsgemeinschaft aus Bürgerrechtlern und Wirtschaftsexperten schätzte das DDR-Vermögen auf 650 Milliarden Ostmark, der erste Treuhand-Vorstand Detlev Rohwedder nannte wiederum 600 Milliarden D-Mark.

War die DDR nun pleite?

Ja. 1989 arbeiteten nur 32 Prozent der Betriebe rentabel – so sagte es Wolfram Krause, Staatssekretär im Finanzministerium. Die DDR war mit 34 Milliarden D-Mark im Ausland verschuldet. Und die Betriebe mit 200 Milliarden Ostmark bei der Staatsbank. So steht es im berüchtigten Schürer-Report, einem internen Bericht der Bank. Danach stand der Zusammenbruch kurz bevor. Denn die Idee mit der Planwirtschaft funktionierte schon längst nicht mehr. Was die DDR nicht im Tauschhandel mit ihren kommunistischen Brüdern erhalten konnte, kaufte sie heimlich im westlichen Ausland. Wichtigster Handelspartner: die BRD.

Die DDR-Betriebe waren doch halbe Museen, oder?

Es gibt diesen Witz, dass eine japanische Delegation nach einem Besuch der DDR erklärt, sie habe zwei tolle Museen gesehen: Pergamon und Robotron.

Okay, Pergamon kenne ich, das ist das Antiken-Museum in Berlin. Aber Robotron?

Robotron baute in Karl-Marx-Stadt Computer. Oder

Rechenmaschinen, wie man das offiziell nannte. Das letzte Robotron-Modell, das sich technisch auf Weltniveau bewegte, war vielleicht der R300 aus den 1960er Jahren.

Aber der Zustand der DDR-Wirtschaft war gar nicht so entscheidend.

Nein?

Nein. Denn erst nach der Wende gab es zwei Entwicklungen, mit denen die meisten Betriebe nicht umgehen konnten. Mit dem Mauerfall brach erstens bei vielen ostdeutschen Betrieben der Absatz radikal ein. Die Leute kauften nun einfach keine einheimischen Produkte mehr, egal, ob es um Autos, Backmischungen oder Getränke ging. Nur ein typisches Beispiel: Rotkäppchen verkaufte 1986 mehr als 15 Millionen Flaschen Sekt, 1991 gerade mal noch eine Million. Von rund 700 Ostmarken überlebten nur 120.

Und was war die zweite fatale Entwicklung?

Die D-Mark kam im Juli 1990 in den Osten. Die Ostmark wurde 1:1 in D-Mark umgetauscht. Ihre Kaufkraft betrug aber nur etwa ein Drittel.

Warum hat man das dann gemacht?

Um die Wirtschaft anzukurbeln. Die Ossis sollten kaufen. Und wollten ja auch. Für die Verbraucher war das schön, aber für die ostdeutschen Unternehmen schrecklich.

Genauer erklärt uns das KR-Mitglied Martin aus Zwickau, der DDR-Bürgerrechtler war:

»Für Guthaben und Kredite schien der Kurs unproblematisch, da er ein einmaliges Geschenk an die DDR-Bevölkerung bedeutete: Die Umtauschaktion war aber auf 4.000 Mark gedeckelt. Darüber hinausgehende Guthaben wurden nur noch 1:2 eingetauscht. Problematisch wurde die Umtauschaktion aber für monatlich wiederkehrende Zahlungen: Löhne, Gehälter und Mieten wurden nämlich meist ebenfalls 1:1 umgerechnet. Das bedeutete faktisch eine Aufwertung der DDR-Mark auf das Dreifache. Bei den Mieten war das kein Problem, die waren in der DDR in der Regel extrem niedrig. Schlimm wurde es für die Unternehmen bei Löhnen und Gehältern. Denn die arbeitsvertraglich festgesetzten Löhne wurden ab dem 1. Juli 1990 in der gleichen Höhe in D-Mark ausgezahlt, wie zuvor in Ostmark. Die Arbeitgeber waren somit faktisch verpflichtet, ihren Beschäftigten von einem Tag auf den anderen den dreifachen Lohn zu zahlen. Woher sollten sie das Geld nehmen? Eine Preiserhöhung auf das Dreifache war unter marktwirtschaftlichen Bedingungen nicht möglich. Dadurch verloren die meisten ostdeutschen Betriebe den Wettbewerb gegen die westdeutsche Konkurrenz und mussten ihre Produktion einstellen.«

Kannst du das genauer erklären?

Ja. Der Kühlschrankhersteller Foron lieferte zum Beispiel – wie Tausende Ostbetriebe – nach Westdeutschland. Vor der Währungsunion kostete ein Kühlschrank in der

Herstellung 360 Ostmark, was etwa 82 D-Mark entsprach. Für 140 D-Mark verkaufte Foron den Kühlschrank in die BRD und machte somit 58 D-Mark Gewinn. Nach der Währungsunion musste Foron seinen Angestellten das Gehalt in D-Mark bezahlen. Nun kostete der gleiche Kühlschrank in der Herstellung plötzlich das Dreifache: 360 D-Mark. Verkaufen konnte Foron seine Ware aber weiterhin nur für 140 D-Mark, womit jeder produzierte Kühlschrank plötzlich nicht mehr 58 D-Mark Gewinn, sondern 220 D-Mark Verlust einbrachte.

Und Foron ist pleite gegangen?

Obwohl es erstmal richtig gut lief. 1992 präsentierte Foron den ersten FCKW- und FKW-freien Kühlschrank der Welt. Den hatten die betriebseigenen Ingenieure zusammen mit Greenpeace und dem Dortmunder Hygieneinstitut entwickelt. Statt der ozonschädigenden Gase verwendeten sie erstmals Butan und Propan zur Kühlung, ein Verfahren, das später zum Weltstandard wurde. Foron hat seinen Teil dazu beigetragen, das Ozonloch wieder zu schließen.

Hätten die Erzgebirger für ihre Erfindung ein Patent angemeldet, wären sie vermutlich reich geworden. Taten sie aber nicht. Dann hetzte die westdeutsche Konkurrenz auch noch mit aggressiven Werbekampagnen gegen das angeblich gefährliche neue Verfahren von Foron. 1996 kam die Insolvenz. Das Unternehmen wurde noch ein paar Mal verkauft, bis 2009 endgültig Schluss war. Die siegreiche Konkurrenz aus dem Westen setzt bis heute auf Butan und Propan. Was Foron geschah, ist leider auch ein typisches Beispiel für einen dritten Grund, der viele eigentlich zukunftsfähige Ost-Firmen in den Ruin trieb, Treuhand hin oder her: fehlende Erfahrung im kapitalistischen Wettbewerb.

Wer hat denn wirtschaftlich am meisten profitiert von der Wende?

Zu den größten Gewinnern dürften sicherlich die Banken gehört haben. Das ZDF-Magazin Frontal 21 enthüllte 2010 einen Bericht des Bundesrechnungshofes, den die Bundesregierung bis heute als geheim einstuft. Der Rechnungshof hatte 1995 die Privatisierung der DDR-Banken massiv kritisiert. Die Prüfer fanden, die westdeutschen Banken hatten sich die Ost-Banken so billig einverleibt, »dass durch die damit entstandenen Belastungen der verschiedenen Wirtschaftsbereiche eine wesentliche Beeinträchtigung des wirtschaftlichen Aufbauprozesses in den neuen Bundesländern verbunden war und immer noch ist.«

Es werden in dem Bericht auch Beispiele genannt. Die Berliner Bank AG (West) etwa kaufte die Berliner Stadtbank AG (Ost) für 49 Millionen D-Mark. Damit erwarb sie gleichzeitig die Altkreditforderungen der Ostbank in Höhe von 11,5 Milliarden D-Mark. Und die waren bares Geld wert. Ein elf Milliarden D-Mark schweres Geschenk bei Null Risiko für die Berliner Bank. Denn der Staat bürgte zu Hundert Prozent für etwaige Kreditausfälle. Die Treuhand hatte mit diesen Bankendeals meist wenig zu tun. Die waren bereits abgesegnet, bevor die Anstalt ihre

Arbeit aufnahm. Die westdeutschen Bankenchefs hatten in der Zwischenzeit auf eigene Faust Vereinbarungen mit den Managern der ostdeutschen Banken getroffen. In der Regel beteiligte man sich über eigens gegründete Tochterfirmen und gründete diese dann kurz darauf als neue Bank aus.

Hat das denn für die Ostdeutschen einen Unterschied gemacht, wem die Bank gehörte?

Und ob. Denn die westdeutschen Banken erhöhten die Zinsen um das Doppelte. Allein die ostdeutschen Wohnungsunternehmen, die nach der Bankenprivatisierung nicht mehr Kreditnehmer staatlicher, sondern privater Banken waren, mussten nun plötzlich Schulden in Höhe von 52,5 Milliarden D-Mark zu marktüblichen Zinsen von mehr als zehn Prozent zurückzahlen. Zu DDR-Zeiten hatte der Zinssatz bei deutlich unter fünf Prozent gelegen, so der Rechnungshof.

Die Deutsche Bank als größte westdeutsche Privatbank machte mit der Wiedervereinigung auch den größten Gewinn. Sie erhielt zum Beispiel 80 Prozent des gesamten Filialnetzes der DDR-Staatsbank. Die Dresdner Bank erhielt die restlichen 20 Prozent, weil sie von dem Deal rechtzeitig Wind bekommen hatte und sich bei der Bundesregierung beschwerte. »Westdeutsche Banken erlangten infolge der Vereinbarungen mit ehemaligen Banken der DDR erhebliche Wettbewerbsvorteile gegenüber anderen Mitbewerbern, indem ihnen der Zugang zu Filialen und Kundenstamm der DDR-Banken noch vor der Vereinigung ermöglicht wurde«, hielt der Rechungshof in dem Bericht fest, den die Öffentlichkeit bis heute nicht kennen dürfen soll.

Im Wesentlichen haben sich die Big Player der bundesdeutschen Industrie den Osten untereinander aufgeteilt, bevor die Treuhand überhaupt in die Gänge gekommen ist. So ähnlich wie es im Bankenwesen war, lief es auch in der Energiewirtschaft ab (PreussenElektra, RWE etc.), dem Versicherungswesen (Allianz), dem Lebensmittelhandel (Aldi, Tengelmann etc.), der Flugbranche (Lufthansa), der Telekommunikation (Siemens), der Metallbranche (Thyssen) und so weiter. In all diesen entscheidenden Wirtschaftsbereichen gab es de facto kaum Wettbewerb. Da hieß es schlicht: Wer zuerst kommt, mahlt zuerst.

Wer hat eigentlich bei der Treuhand gearbeitet?

Der Text dieser Anzeige erschien im Juli 1990 in mehreren Tageszeitungen:

»Profis für die DDR gesucht!
Der DDR-Wirtschaft zu Wettbewerbsfähigkeit nach westlichem Maßstäben zu verhelfen, ist unser aller Interesse. Ein wichtiger Schritt dazu ist die Privatisierung der früheren volkseigenen Betriebe und Kombinate. Für die praktische Durchführung benötigen die Treuhandanstalt der DDR und die von ihr zu gründenden Treuhand-Aktiengesellschaften Tatkraft und Erfahrung von unternehmerisch denkenden und handelnden Führungskräften.

Die Positionen bei der Treuhand sind mit einem Zeithorizont von 3-5 Jahren versehen.«

Wer sich meldete, konnte mitunter noch am selben Tag anfangen, eine Überprüfung des Personals fand oft überhaupt nicht statt. Rund 3.500 Mitarbeiter hatte die Treuhand. Die Mehrheit (67 Prozent) stammte aus dem Osten. Der Vorstand komplett aus dem Westen.

Die absolute Mehrheit der Treuhandmitarbeiter opferte sich für einen extrem anstrengenden und gefährlichen Job unter höchstem Druck auf, ohne dabei auf den eigenen Vorteil zu achten, sagt der Historiker Marcus Böick von der Uni Bochum. Er hat mit der Taz[13] über seine Interviews mit Ex-Treuhändern gesprochen:

»Die Mehrheit waren in der Tat ältere Ostdeutsche, meist aus den aufgelösten Plankommissionen und Branchenministerien. Diese Leute waren meist sehr froh, der im Jahr 1990 drohenden Arbeitslosigkeit entgangen zu sein und beim Umbau ihr Wissen über die Branchen und Betriebe einbringen zu können. Unter den westdeutschen Managern bei der Treuhand habe es viele gegeben, für die stand nicht das Geld im Vordergrund. Manche hatten eine patriotische Motivlage: Ich pack jetzt mal an für Deutschland. Diese Antwort kam bei meinen Befragungen so oft, die sollte man ernst nehmen, finde ich. Es gab Manager, die sagen heute: Mich hat einzig die superspannende Aufgabe interessiert, ich hatte mit Schwarz-Rot-Gold nichts

13 Siehe: https://taz.de/Historiker-ueber-die-Treuhand/!5517592/

am Hut. Die wollten die Marktwirtschaft nach Ostdeutschland bringen.«

Man hört immer wieder von Kriminalität bei der Treuhand. Gab es nun Betrüger bei der Treuhand oder nicht?

Ja. Als vielleicht schillerndster Treuhand-Betrüger darf wohl Michael Rottmann gelten. Der Prokurist aus Süddeutschland kaufte der Treuhand über Strohmänner in der Schweiz die Firma Wärmeanlagenbau Berlin (WBB) ab. Das war nicht irgendein kleiner Betrieb. WBB hatte nach der Wende 1.200 Mitarbeiter und baute Heizkraftwerke und Fernwärmeleitungen in der DDR und Osteuropa. Die Firma war zwar sanierungsbedürftig, hatte aber volle Auftragsbücher, wertvolle Immobilien und Grundstücke in Berlin, Leipzig, Zwickau – und gut ausgebildete Mitarbeiter. Ihr Wert wurde später auf bis zu 80 Millionen Euro geschätzt, allein das Barvermögen betrug 75 Millionen. Die Treuhand verkaufte sie Rottmann für gerade mal eine Million Euro. Im Gegenzug hatte dieser versprochen, die WBB zu sanieren und drei Viertel der Arbeitsplätze zu retten.

In Wahrheit gründete er ein undurchsichtiges Netzwerk aus 17 Tochterfirmen in Holland, der Schweiz und in Liechtenstein und »begann«, wie das Berlins Generalstaatsanwalt später nannte, »zielstrebig die Ausplünderung.« Stückchen für Stückchen übertrug er die WBB den Tochterfirmen, die dann alles schnell verkauften. Rottmann selbst tat das alles im hellsten Scheinwerferlicht. Er ließ sich erstmal für zwei Millionen Euro eine neue Wohnung in der WBB-Zentrale in der Berliner Wallstraße einrichten und lud regelmäßig das Fernsehen ein, wenn er zum Beispiel als Robin Hood verkleidet mit Stripperinnen auf Firmenkosten seinen Geburtstag feierte und darüber schwadronierte, wie die WBB bald »Kraftwerke wie Brötchen« backt. In der Doku »Der deutsche Goldrausch« von Dirk Laabs kannst du dir das ansehen. Aber die Party war bald vorbei. 1994 musste die WBB Konkurs anmelden. Insgesamt soll Rottmann um die 100 Millionen D-Mark veruntreut und 1.000 Arbeitsplätze vernichtet haben.

Aber ist Michael Rottmann dafür auch bestraft worden?

Nicht wirklich. Zwei Ex-Geschäftsführer Rottmanns und ein Berater wurden zwar später zu mehrjährigen Haftstrafen verurteilt. Der schillernde Drahtzieher selbst setzte sich jedoch mit seiner Familie zunächst in die Karibik ab und konnte später in England ungestört seine Millionen ausgeben. Erst 2009 wurde er in Deutschland vor ein Gericht gestellt. Allerdings war da das Geld längst weg. Und die Straftaten verjährt. Rottmann saß lediglich eineinhalb Jahre im Gefängnis.

Das gibts doch gar nicht!

Doch. Sicher ist: Bei der Treuhand wurde nachweislich betrogen. Es gab Bilanzfälschungen, Korruption und Unterwertverkäufe, Preisabsprachen und Handel mit Insiderwissen. 1998 bezifferte ein vom Bundestag eingesetzter

Untersuchungsausschuss den entstandenen Schaden auf drei bis zehn Milliarden D-Mark.[14]

Die Nachfolgerin der Treuhand, die Anstalt mit dem unmerkbaren Namen, existiert übrigens bis heute und hat in den vergangenen Jahren mehrfach erfolgreich gegen Banken in der Schweiz, Österreich und Liechtenstein geklagt. Die Banken mussten Millionen Euro Schadenersatz für verschwundenes DDR-Vermögen zahlen, das SED-Kader illegal beiseite geschafft hatten.

Aber, waren das eher Einzelfälle oder die Regel? Wie sehr haben die Wessis die Ossis denn nun über den Tisch gezogen?

Zwar sind viele Treuhandakten noch unter Verschluss, aber die Treuhandforscher sind sich weitestgehend einig, dass Korruption eher eine Begleiterscheinung eines Systemtransfers war, der als Schocktherapie durchgeführt wurde, als ein Massenphänomen. Die Öffentlichkeit und natürlich auch die Treuhand bekamen zwar mit, dass Unrecht passierte, und die Zahl der Checklisten und Prüfvorgaben, die die Mitarbeiter zu beachten hatten, stieg. Sie wurden aber einfach ignoriert, was möglich war, weil es keine Konsequenzen hatte. Die Treuhandmitarbeiter

14 Es gibt auch noch höhere Schätzungen. Das Katapult-Magazin berichtet in einer Sonderausgabe zum Thema Treuhand: »Die zuständige Berliner Behörde ZERV, die von 1991 bis 2000 vereinigungsbedingter Kriminalität nachging, ermittelte in insgesamt 4.004 Fällen. Bis zu 26 Milliarden D-Mark betrug der Schaden, rechtskräftige Urteile fielen jedoch nur in 128 Verfahren.«

hatten eine Garantie bekommen, keine Strafverfolgung wegen fahrlässigen Handelns befürchten zu müssen.[15]

Die Treuhand-Mitarbeiter bekamen eine Amnestie? Warum das denn?

»Weil sonst kaum jemand das Risiko auf sich genommen hätte, diesen Job zu machen«, sagte Waigel. Nicht alles, was schlecht verhandelt ist, ist auch kriminell. Und fast alles, was schlecht verhandelt war, hätte wahrscheinlich nur mit sehr viel mehr Zeit besser gelöst werden können. Aber diese Zeit hatten die Treuhandmitarbeiter nicht, weil die Bundesregierung das so beschlossen hat. Die Prüfung von Investoren, des tatsächlichen Wertes der Betriebe fand oft binnen weniger Stunden statt. Erinnerst du dich? Es sollte schnell, schnell, schnell gehen! Das Katapult-Magazin berichtet in seiner exzellent recherchierten Sonderausgabe zum Thema Treuhand, wozu das führte:

»Die Folge waren unausgereifte Verträge mit rechtlichen Schlupflöchern. Wichtige Zielkriterien, um Arbeitsplätze zu erhalten und Investitionszusagen zu konkretisieren, fehlten in vielen Kaufabwicklungen völlig. Kritik machte sich zudem immer wieder an Verkaufspreisen fest, die deutlich unter dem Wert der Unternehmen lagen. Dazu trugen auch fehlende Bieterwettbewerbe bei. Bei einem Teil der Verkäufe fanden keine Ausschreibungen statt,

15 Der Vorstand und der Verwaltungsrat der Treuhand erhielten von Wirtschaftsminister Theo Waigel eine Freistellung von der Haftung für grobe Fahrlässigkeit. Bis zur Ebene der Referenten gab es eine Freistellung von leichter Fahrlässigkeit.

um adäquate Investoren und angemessene Preise zu ermitteln.«

Das klingt alles nach einem ganz schönen Chaos.

Absolutes Chaos.

Da kann man ja fast verstehen, warum die Leute so sauer auf die Treuhand waren und sind.

Die Wut gegen die Treuhand war häufig aber auch irrational und geprägt von den Ängsten der von Arbeitslosigkeit bedrohten Arbeitnehmer sowie der Undurchsichtigkeit der Ereignisse. Ich will dir deshalb eine kleine Geschichte erzählen.

Uff, noch mehr lesen?

Ja, aber du hast es auch schon fast geschafft. Ist außerdem eine spektakuläre Geschichte, die mit dem letzten Mord der RAF endet.

Na gut.

Schon Mitte September 1990 – da kam die Anstalt gerade erst in Schwung – wurde die Zentrale der Treuhand am Berliner Alexanderplatz zum ersten Mal von wütenden Arbeitnehmern besetzt. Mitarbeiter der DDR-Hotelkette Interhotel waren in das Gebäude gestürmt und forderten den Vorstand Detlev Rohwedder zu einer Stellungnahme auf.

Das passierte in den folgenden Wochen und Monaten noch häufig, nicht nur in der Zentrale in Berlin, auch in den 15 Niederlassungen der Treuhand. Zur Interhotel-Kette gehörten die 34 besten Hotels der DDR. Sie waren so luxuriös, dass man die eigene klassenbewusste Bevölkerung lieber nur zum Bedienen oder Bespitzeln der Gäste reinließ. Das heutige Westin Grand Berlin in der Friedrichstraße zum Beispiel, das Hilton in Dresden und das legendäre Hotel Elephant in Weimar gehörten zu Interhotel. Der Generaldirektor der DDR-Kette hatte bereits 1989 heimlich über den Verkauf aller Häuser mit der Hotelkette Steigenberger aus Frankfurt am Main verhandelt. Mittlerweile war man sich einig geworden. Der Verkauf sollte abgewickelt werden. Die Mitarbeiter waren froh darüber, ihre Arbeitsplätze schienen sicher. Aber die Treuhand, die seit ein paar Wochen offiziell Eigentümerin der Hotels war, stellte sich quer, Rohwedder persönlich stoppte die Privatisierung.

Warum das denn? Es sollte doch schnell, schnell, schnell gehen mit der Privatisierung?

Ja. Der Interhotel-Generaldirektor hatte aber überhaupt kein Recht dazu gehabt, die Hotels zu verkaufen. Sie gehörten schließlich nicht ihm, sondern der Treuhand. Rohwedder wollte verhindern, dass sich wiederholt, was mit großen Teilen der Wirtschaft bereits passiert war, denke nur mal zurück an das Beispiel mit der Deutschen Bank: dass Fakten geschaffen werden, bevor die Treuhand überhaupt zum Zuge kommt.

Aber das wäre doch ein Problem weniger für die Treuhand gewesen?

Rohwedder glaubte, einen deutlich besseren Preis heraushandeln zu können. Er fand, Steigenberger zieht die Ossis über den Tisch, denen es nur ums Überleben ging. Zu den wütenden Interhotel-Mitarbeitern sagte er schließlich: »Nur die allerdümmsten Kälber wählen ihren Schlachter selber.« Am Ende sollte er Recht behalten. Die Hotels wurden später einzeln verkauft und erzielten dadurch deutlich höhere Kaufpreise. Viele von ihnen sind wieder richtig feine Häuser.

Allerdings hat Rohwedder das nicht mehr miterlebt. Er wurde von der Roten Armee Fraktion ermordet. 1991 war eine Menge Frust unterwegs. Und der entlud sich immer heftiger. Im März gingen in Leipzig 30.000 Menschen auf die Straßen. In mehr als 20 ostdeutschen Städten wurde gegen Massenarbeitslosigkeit demonstriert. Am Karfreitag 1991 zündete eine ominöse Terrorzelle namens »Thomas Müntzers Wilder Haufen« eine Brandbombe in der Treuhand-Niederlassung in Berlin, sie brannte komplett aus. Drei Tage später, am Ostermontag, wurde Treuhand-Vorstand Detlev Rohwedder in seiner Villa in Düsseldorf in den Rücken geschossen. Er starb sofort. Es ist der 33. und letzte Mord der RAF, in einem Bekennerschreiben sagt die linke Terrorzelle über ihr Opfer: »Für ihn gab es von Anfang an nichts in der EX-DDR, was seinem auf Profit ausgerichteten Blick irgendwelche Werte hatte. Alles dort war für ihn immer nur Konkursmasse.«

Du machst mich fertig! Chaos. Kriminalität. Terroristische Anschläge. Gab es denn keine Erfolgsgeschichten bei der Treuhand?

Doch. Rotkäppchen. Der Sekthersteller aus Sachsen-Anhalt ist eine der wenigen Ostfirmen, die nicht nur überlebt haben, sondern zum gesamtdeutschen Marktführer wurden. Anfang April meldete der ehemalige VEB aus Freyburg erstmals einen Umsatz von mehr als einer Milliarde Euro pro Jahr. Rotkäppchen verkaufte 278 Millionen Flaschen im vergangenen Jahr.

Hier hat die Treuhand also alles richtig gemacht?

Rotkäppchen ist auch eine Erfolgsgeschichte der Treuhand. Sie ließ die auswärtigen Investoren abblitzen, die die traditionsreiche Sektkellerei am liebsten geschenkt bekommen wollten und investierte lieber selbst rund sieben Millionen D-Mark in eine neue Abfüllanlage. Dadurch konnte billiger produziert werden, und die Mitarbeiter brachten die Marke wieder in Schwung. Vier von ihnen, alle schon mehr als zehn Jahre im Unternehmen, schlossen sich 1993 zusammen und kauften Rotkäppchen in einem sogenannten Management-Buy-Out von der Treuhand. Als privaten Geldgeber konnten sie den westdeutschen Spirituosenhersteller Harald Eckes überzeugen, den sie bei einer Weinverkostung kennengelernt hatten.

Okay, was ich bisher verstanden habe: Viele Sachen sind schlecht gelaufen bei der Treuhand, einige aber

nicht. Es gab Kriminalität, aber das war nicht die Regel. Hast du ein Fazit für mich?

Die Treuhand hat letztlich genau das umgesetzt, was ihre Aufgabe war. Als Anstalt kann man ihr eigentlich gar keinen Vorwurf machen, im Gegenteil: Die absolute Mehrheit der Mitarbeiter hätte eher einen Orden verdient für die unglaubliche Belastung, der sie sich ausgesetzt haben.

Aber jetzt kommt das Aber …

Ehrlich: Selbst mich als Ossi, für den das Thema Treuhand wirklich nicht neu ist, hat es bei dieser Recherche manchmal gefröstelt, wie eiskalt die Regierung von Helmut Kohl das Projekt Wiedervereinigung durchgezogen hat. Ich finde aber auch, man darf nicht vergessen, dass die Ostdeutschen diesen Weg auch so wollten, sie haben die CDU gewählt und nicht die Bürgerrechtler, die die Wende gebracht haben und eine ganz andere Vorstellung davon hatten, wie die Wirtschaft privatisiert werden sollte. Die Bürger wollten die D-Mark, keine Anteilsscheine an etwas, von dem niemand wusste, was es einmal wert sein sollte. Und sie wollten die Westprodukte. Und das alles sofort.

Bissl Frust ist da bei dir aber auch unterwegs, oder?

Beim Stichwort Frust kommen wir doch direkt zu Thilo Sarrazin.

Sarrazin? Der SPD-Mann, der den rassistischen Bestseller »Deutschland schafft sich ab« geschrieben hat? Was hat der denn jetzt mit der Treuhand zu tun?

Er war zuständig für Konzept und Strategie sowohl der Währungsunion als auch der Treuhand. Als Abteilungsleiter im Bundesfinanzministerium. Gemeinsam mit Staatssekretär Horst Köhler (dem späteren Bundespräsidenten) verhandelte er direkt mit der DDR-Regierung und der Volkskammer. Der in Gera geborene Sarrazin sagte später in einem Interview über diese Zeit:
»Ich war kein Getriebener, ich war Treibender. Und zwar deshalb, weil ich mit dem mir angeborenen Maß an Zynismus und Kälte plus Sachverstand plus intensiver Sachbeschäftigung ganz klar und ohne Wunschdenken gesagt habe, wie es weitergehen würde. Ich habe die Vorgänge zudem abgestuft, stets schrittweise gedacht. So nach dem Motto: Zuerst einmal bekommen wir die DDR an die Angel und schaffen vollendete Tatsachen in Richtung deutsche Einheit. Ich habe also alles getan, um diesen Prozess zu fördern. Als das dann erledigt war, die Treuhand existierte und unsere Überlegungen aufgegangen waren, habe ich gesagt: Jetzt wickeln wir das ganze Zeug möglichst schnell ab.«

Zu Sarrazins Methoden gehörte es auch, dass er die gewählten DDR-Vertreter, die ihre eigenen Vorstellungen mit zu den Verhandlungen brachten, schlichtweg anlog, wie er später in seinem Buch »Entstehung« beschreibt. Sein Motto damals: »Wir bezahlen alles, also bestimmen wir alles.«[16] Wenn wir nach einem Fehler im System suchen, der die kriminellen Handlungen, Schlampereien und Demütigungen dieser Zeit erklärt, muss uns klar sein, dass wir ihn vielleicht nicht viel besser zu fassen kriegen werden als den kalten Schauer, der einen auch beim Lesen der rassistischen Küchenpsychologie des späteren, äußerst erfolgreichen Sachbuchautors Sarrazin überkommt.

Hätte es denn auch Alternativen gegeben?

Das Treuhandgesetz war ursprünglich bereits vor der Wende von einer Gruppe von Bürgerrechtlern in der DDR entwickelt und von der letzten DDR-Volkskammer im Frühjahr 1990 auch beschlossen worden. Demnach sollten die Bürger Anteilsscheine am Volkseigentum erhalten. Diese Anteilsscheine wären ihr Kapital gewesen und hätten ihr Mitspracherecht daran gesichert, was mit den Unternehmen geschieht. Auch vor der Wende bildeten sich in vielen Unternehmen in basisdemokratischen Prozessen bereits neue Betriebsräte, wurden autoritäre Strukturen abgeschafft, demilitarisiert (in großen Betrieben gab es bewaffnete Einheiten), die inoffiziellen Mitarbeiter der Stasi rausgeschmissen und gemeinsam über die Zukunft nachgedacht sowie nach Investoren gesucht.

---

16 Quellen der beiden Sarrazin-Zitate: »Es war keiner da, dem etwas einfiel ...« Die deutsch-deutsche Währungsunion 1990, Thilo Sarrazin im Gespräch mit Jens Schöne, in Deutschland Archiv 3/2010. Und: »Die Entstehung und Umsetzung des Konzepts der deutschen Wirtschafts- und Währungsunion«, in: Theo Waigel und Manfred Schell: »Tage, die Deutschland und die Welt veränderten«, München 1994, S. 160-225. (Zitiert nach Dirk Laabs: Der deutsche Goldrausch. Die wahre Geschichte der Treuhand, 2014.)

Doch dann kamen die ersten freien Wahlen. Die gewann die CDU. Lothar de Maizière wurde nun DDR-Ministerpräsident und wurde von Bundeskanzler Helmut Kohl in die Tasche gesteckt. Der Kanzler der Einheit ignorierte schlicht, was die Ossis sich da so ausgedacht hatten. Bonn schrieb an den Gesetzen der neuen Volkskammer indirekt bereits mit – zum Beispiel über Thilo Sarrazin –, und so hieß es im Treuhandgesetz plötzlich: »Das volkseigene Vermögen ist zu privatisieren.« Das Konzept der Anteilsscheine fanden die Westdeutschen lächerlich. In Tschechien interessierte man sich dagegen dafür und setzte es um – mit Erfolg.[17]

Brauchen wir so etwas wie eine deutsch-deutsche Wiedergutmachung?

Über die Treuhand und die Nachwendezeit noch einmal neu zu reden, den Zeitzeugen zuzuhören und ihre Erfahrungen zu respektieren, ist auf jeden Fall schon mal ein

17 Wie man Erfolg in diesem Zusammenhang bewertet, ist natürlich auch Definitionssache. Florian Peters vom Berliner Institut für Zeitgeschichte erklärt in diesem Beitrag, wieso die Umbruchserfahrungen für die Tschechen weniger dramatisch ausfielen, als für die Ostdeutschen: https://zeitgeschichte-online.de/themen/der-westen-des-ostens
Dass auch die sogenannte »Coupon-Privatisierung« Tschechiens nicht ohne Chaos und Betrug ablief, kannst du in dieser Spiegel-Reportage aus dem Jahr 1992 nachlesen: https://www.spiegel.de/spiegel/print/d-13683693.html
Heute gilt Tschechien als mindestens so attraktiver Wirtschaftsstandort wie Ostdeutschland. Probleme mit Rechtspopulismus hat das Nachbarland aber ebenfalls. Merke: Vergleiche sind immer schwierig.

Beitrag zu einer »Wiedergutmachung«. Dass wir diese Debatte gerade führen, kann man durchaus positiv sehen, sagt zum Beispiel die Soziologin Naika Foroutan in einem Interview mit Zeit Online[18]:

»Je stärker man im Vergleich zur Mehrheitsgesellschaft aufholt, umso größer wird zu Recht die Unzufriedenheit darüber, was noch nicht aufgeholt ist. Das nennt man Emanzipation. Und dadurch fragen sich auch im Osten immer mehr Menschen, wie kann es sein, dass wir strukturell aufholen, man uns kulturell aber noch immer als nicht zugehörig betrachtet?«

Aber nicht nur der westliche Blick auf den Osten muss sich ändern. West und Ost sprechen übereinander, aber in aller Regel nicht miteinander. Und das ist schlecht, weil die Sündenbock-Rolle der Treuhand zu einer Art negativem Mythos zu werden droht. Das ist nicht nur unfair, es verhindert auch die Beschäftigung der Ostdeutschen mit der eigenen Verantwortung. Genau das forderte der Leipziger Rechtsextremimusforscher Michael Lühmann vor Kurzem in einem Essay in der Zeit[19] ein:

»Es ist nicht alles gut gelaufen nach 1989 im Osten. Aber dafür nach 30 Jahren – und seit 30 Jahren – die Schuld dafür noch immer im Westen suchen zu wollen, das ist nicht nur historisch falsch. Hier werden die Ostdeutschen

18 Siehe: https://www.zeit.de/gesellschaft/zeitgeschehen/2019-03/naika-foroutan-ostdeutsche-muslime-diskriminierung-rassismus
19 Siehe: https://www.zeit.de/gesellschaft/zeitgeschehen/2019-03/rechtsextremismus-ostdeutschland-verantwortung-erwiderung

infantilisiert und wird ihnen die gebührende Verantwortung mal wieder abgenommen.«

Und dann muss es auch neue Ideen geben dafür, wie die bestehenden Ungerechtigkeiten abgebaut werden können. Wie die Steuerverteilung gerechter wird innerhalb Deutschlands zum Beispiel. Oder wie mehr Ostdeutsche in Führungspositionen kommen. Es gibt hier bereits einige konkrete Ideen ...

Oh nein, jetzt ist aber mal Schluss! Ich meine, wie viel kann man denn lesen an einem Tag?

Okay. Danke für deine Aufmerksamkeit, ernsthaft! Ich wollte auch nur noch sagen: Was es so für konstruktive Ideen gibt – von Politikern und aus der Zivilgesellschaft –, das müssten wir mal in einem eigenen kleinen Artikel zusammensammeln. Über die Treuhand wird Deutschland hoffentlich noch eine ganze Weile reden. Ich würde mich freuen, mit dir im Gespräch zu bleiben!

Josa Mania-Schlegel

Herr Täubert wird nicht mehr gebraucht

Als Ostdeutscher habe ich schon viele Menschen wie Dieter Täubert kennengelernt, dessen Leben nach der Wende in die Brüche ging. Aus einem stolzen Ingenieur wurde ein Arbeitsloser. Ich traf ihn in den Ruinen seiner ehemaligen Fabrik.

Ich lerne Dieter Täubert kennen, als er zum ersten Mal seit 25 Jahren seine alte Arbeitsstätte besucht. Zum ersten Mal, seit er dort, ohne Erklärung, entlassen wurde. Ein Berliner Künstler-Kollektiv haucht dem riesigen, maroden Fabrikgelände gerade in einem sechswöchigen Street-Art-Festival neues Leben ein.

Aber die bunten Graffitis auf den hohen Backsteinbauten interessieren Täubert nicht groß. Wichtiger ist ihm, dass er noch einmal seine alten Wege abgehen kann. Dort, wo seine erste Werkbank stand. Oder wo es zum betriebseigenen Schwimmbad und dem Sportplatz ging; die Kantine; die Schule. Und der Hof, auf dem gelegentlich ein Wagen voll frischer Aprikosen vorfuhr.

Täubert ist 81, aber er sieht viel jünger aus. Er hat kaffeebraune Augen, und ihm schießt, wenn er von früher erzählt, oft das Blut in die blassen Wangen. Als ich ihn in seiner kleinen Wohnung besuche, ganz in der Nähe seiner alten Pittlerwerke im verwahrlosten Leipziger Stadtteil Wahren, erzählt er aus seinem Leben wie aus einem traurigen Film. »Damit es nicht zu traurig wird, hören wir Swing«, sagt er und schiebt behutsam eine CD in seinen Fernseher, mit dem er Musik hört. »Over There«, eine flotte Glenn-Miller-Nummer mit Männerchor, der von der Befreiung Deutschlands durch die Amerikaner erzählt: »We'll be over, we're coming over / And we won't come back till it's over over there.«

Täubert kennt die Nummer, seit er als kleines Kind im Leipziger Waldstraßenviertel auf amerikanische Truppen traf, die Kaugummis und Plattenspieler dabeihatten. Als die fröhlichen Amerikaner abzogen, und die russischen Soldaten nachrückten, da ahnte der kleine Täubert schon, dass andere Zeiten anstünden, jedenfalls erzählt er das heute so. »Die ausgemergelten Russen mussten uns eher leid tun«, sagt er.

Immer mal wieder ist von den biografischen Brüchen der Ostdeutschen die Rede. Sie werden oft auch als Grund für Wut und Unzufriedenheit im Osten angeführt. Eine Google-Suche »biografische brüche ostdeutsch« ergibt 75.000 Treffer. Aber was ist damit überhaupt gemeint?

Einen ziemlich konkreten Bruch erlebten viele Ostdeutsche, als sie in den Wendejahren ihren Job verloren. Die Entlassung konnte ganz unerwartet kommen, sie konnte sich aber auch anbahnen, wie bei Dieter Täubert.

Dass die Pittlerwerke im vereinigten Deutschland eine kleinere Rolle spielen würden, verstand Täubert 1989, als ihm ein Professor von der wirtschaftliche Flaute in der Sowjetunion und den dortigen Massenentlassungen erzählte. Die Pittlerwerke stellten in erster Linie Maschinen für die sowjetischen Autofabriken von Lada her, dem »Fahrzeug für jedermann«. Dass es auch für ihn, Täubert, eng werden würde, begriff er 1991, als sein Chef ihn, den Planungsdirektor, anwies, alle Angestellten seiner Abteilung zu entlassen. Aus war es im Januar 1992, als Täubert an einem Mittwochmorgen seine eigene Entlassung in der Hand hielt, ausgestellt von seinem Chef. Und, als schließlich auch dieser Chef entlassen wurde.

Und trotzdem weiß Täubert, als er nach 37 Jahren im Betrieb seine Kündigung in den Händen hält, nicht so recht, wie das alles passieren konnte. Er ist da 55, hat zwei Töchter und seine Frau. Und er ist Planungschef der Pittlerwerke, ein Maschinenwerk im Leipziger Norden, seine Produkte gelten als hochinnovativ. Er muss nicht gehen, weil er nicht mehr kann. Er hat auch keinen Mist gebaut. Man braucht Täubert einfach nicht mehr.

1955 ist Täubert 18 und fängt beim VEB-Drehmaschinenwerk, den Pittlerwerken, seine Ausbildung an. »Hochmausern« nennt er heute seinen Aufstieg im damals größten

Maschinenwerk Sachsens. Weil er sich so schnell hochmausert, soll Täubert zum Produktionsdirektor befördert werden, aber dafür muss er Ingenieurswesen studieren. Nach Jahren im Betrieb schlägt sich Täubert noch einmal die Nächte um die Ohren und studiert. Danach trägt er nicht mehr den Arbeiter-Blaumann, sondern einen Kittel, und ähnelt jetzt eher einem Wissenschaftler. Auch seine Pittlerwerke sehen jetzt anders aus – jedenfalls für ihn. »Es waren noch dieselben Maschinen«, sagt er, »aber ich wusste erst jetzt, was in denen eigentlich vor sich ging.«

Was um ihn herum, in seinem Land, passierte, das verstand Täubert aber immer weniger. Täubert erinnert sich noch gut an den feinen Zwirn der beiden Herren aus London, die Ende der 70er Jahre durch die Werkseinfahrt kamen. Niemand geringeres als zwei Mitarbeiter von Rolls Royce interessierten sich für die Arbeit der Leipziger. Die Gäste aus London hatten es auf eine Revolverdrehmaschine abgesehen, einen viereckigen Kasten, kaum größer als ein Flipperautomat. Ein Wunderwerk ostdeutscher Ingenieurskunst. Metallteile, etwa für den Autobau, ließen sich damit punktgenau ausfräsen. »So gut wie wir bekamen das die Briten nie hin«, sagt Täubert, lacht herzlich und versinkt noch ein wenig mehr in seinem beigen Sessel.

Doch man schickte die Herren im Zwirn mit leeren Händen heim. Man musste. Keine Kooperation mit dem Westen, so die Anweisung der Werksleitung, die der SED angehörte. Rolls Royce produzierte damals nicht nur Luxusautos, sondern auch Raketen für die britische Armee.

Und mit denen, oder zumindest deren Verbündeten, lieferte sich Täuberts Land, oder dessen Verbündete, schließlich gerade ein Wettrüsten.

Die Werksleitung hatte eine andere Idee. Die wundersame Maschine sollte lieber dem Sozialismus dienen. Also verlegte man ihre Produktion nach Rumänien. »Das war eine Aufbauhilfe, die waren pleite«, erinnert sich Täubert. Als er seinen Chef Jahre später auf eine Messe begleitete, und sie dort ihre alte Erfindung wiederentdeckten, nun nach rumänischer Bauart, soll der Chef vor Schreck für einige Tage verstummt sein. Das war nicht mehr die Maßarbeit, die ihm englische Gentlemen auf den Hof gebracht hatte.

Dass man sie derart im Zaum hielt, kränkte die stolzen Ingenieure. Als sie eines Tages einen Auftrag für eine neue Maschine erhalten, ist ihnen klar, dass sie diese nicht bauen wollen. »Damit ließen sich Raketenköpfe fertigen«, sagt Täubert. Kriegsmaterial, aber diesmal für die »Guten«, die Sowjetunion. Man fertigte die Maschine trotzdem. Aber immer, wenn sie abgeholt werden sollte, stimmte etwas nicht. Es reichte schon, dass jemand nachts, bei vollem Betrieb, eine Handvoll Schrauben hineingeschmissen hatte. Wer? »Betriebsgeheimnis«, sagt Täubert und grinst in sich hinein. »Die Maschine schaffte es partout nicht vom Hof.«

Täubert und seine Kollegen waren Techniker, sie wollten schöne Autos konstruieren und nicht einem bestimmten Staat oder einem Krieg dienen. Über die guten Kontakte in die Autoindustrie organisierten sie sich einmal zwei echte italienische Fiats. »Wahrscheinlich die einzigen beiden in Sachsen«, sagt Täubert, der damit bei der Betriebsversammlung in Berlin vorfuhr. »Die guckten nicht schlecht!«.

Im November 1989 schien es dann vorbei zu sein mit der politischen Schikane. Mit dem Mauerfall lag der DDR-Staat und seine Partei brach. Zwei Wochen nach der Grenzöffnung veröffentlicht Täubert in der betriebseigenen Zeitung »Vorschub« ein Plädoyer dafür, aus der SED auszutreten. Unter der Überschrift »Selbstherrlichkeit brachte Niedergang« schreibt er: »Arroganz und Borniertheit trieben Tausende wertvoller Menschen aus unserem Lande, viele verloren jegliches Vertrauen, auch ich. Dieser Vertrauensbruch ist sicher über Jahre hinaus nicht zu korrigieren.« Täuberts Vertrauen in die Partei ist erschüttert, er sieht seinem Land beim Verfallen zu. Doch er ahnt noch nicht, dass in weniger als zwei Jahren sein eigenes Leben zerfallen wird.

Täuberts Drehmaschinenwerk im Leipziger Norden gerät 1990 in schweizerische Hand und wird Teil der Pittler-Tornos Werkzeugmaschinen GmbH. Aber abgesehen von dem Namen ihres glorreichen Gründers Wilhelm von Pittler wussten die Schweizer kaum etwas mit dem Leipziger Werk anzufangen. »Einmal fuhr noch ein Kleinlaster vor«, erinnert sich Dieter Täubert, »einige Männer stiegen aus, sammelten unser Werkzeug ein, und fuhren wieder davon.«

Später baute Täuberts Abteilung noch ein paar Monate lang Teile im Auftrag für Ford. Vergleichsweise primitive Arbeit sei das gewesen, sagt er. Dann war Schluss.

Wären die Millionen Kündigungen zu verhindern gewesen? Aus seinem Kündigungsschreiben wird Täubert bis heute nicht schlau, es liest sich wie eine Lobeshymne. Eine »stabile Säule« des Unternehmens sei die von Täubert geleitete Abteilung gewesen. Und Täubert selbst ein »fleißiger, pflichtbewusster, ehrlicher und gewissenhafter Leiter«. Aber dann: »Aus betrieblichen Gründen musste Herrn Täubert gekündigt werden.« Mehr nicht.

Manchmal, wenn Dieter Täubert seine Geschichte erzählt, presst er die Lippen aufeinander, um zu verhindern, dass ihm die Tränen kommen, bis sie dann doch kommen. Dann guckt er in die Schrankwand, wo die Familienfotos dicht aufgereiht stehen. Und auf den Miniatur-Schrebergarten, den ihm seine Enkelin gebastelt hat, und die er danach überreden wollte, sich an der Kunsthochschule einzuschreiben – die Enkelin ist acht Jahre alt.

Wenn er gar nicht mehr kann, sagt Täubert, dann geht er in seinen Garten, gleich auf der anderen Straßenseite, wo er Gurken und Tomaten anbaut. In der Erde wühlen, um sich abzulenken. Letztes Jahr machte er es so, als seine Frau plötzlich starb. Oder vor 27 Jahren, als ihm gekündigt wurde.

3,75 Millionen Ostdeutsche kamen in den Wendejahren in Frührente, nur jeder Vierte behielt seinen Job. Wäre das zu verhindern gewesen? Tatsache ist, dass mit der DDR nicht nur ein Staat zu verschwinden drohte, sondern auch der Besitzer von rund 8.500 volkseigenen Betrieben. Um für die Zeit nach der DDR gewappnet zu sein, dachte sich der Osten eine Anstalt aus, die Treuhand. Deren Beamte kamen dann aber doch vornehmlich aus dem Westen, und sie verfuhren nach dem Aschenputtel-Prinzip: die gut laufenden Betriebe privatisieren, die maroden sanieren, die kaputten liquidieren. Doch dem Westen, an den man die Betriebe gewinnbringend verkaufen wollte, waren die Werke und Fabriken des Ostens nur selten etwas wert. Zum Beispiel, weil sie kaum über Aufträge ins europäische Ausland verfügten, sondern nur in die zerfallende Sowjetunion. Die ostdeutsche Planwirtschaft erwies sich in vielen Fällen als inkompatibel mit der westdeutschen Marktwirtschaft. Mehr als die Hälfte der ostdeutschen Betriebe wurden einfach dicht gemacht.

Historiker streiten sich noch heute, ob der Osten einfach nichts wert war, oder ob die Treuhand zu voreilig oder sogar korrupt gehandelt hatte. Als sie nach 4 Jahren schloss, hatte sie einen Schuldenberg über 256 Milliarden D-Mark angehäuft. Für Täubert war das Bild vom schönen Westen, dem er gerade noch hoffnungsvoll entgegenblickte, jetzt getrübt. Er und seine Arbeit waren dem neuen Land nichts wert, so verstand er das alles.

Seitdem, die letzten 26 Jahre, ist er Rentner. 1.200 D-Mark Rente bekam er im Monat, heute ein bisschen mehr. Die Kollegen im Westen verdienen das Zigfache. Als ausgedienter Ingenieur macht man sich in Deutschland eigentlich einen schönen Lebensabend. Ist er das schon, der Bruch einer ostdeutschen Biografie? Ein bisschen mehr oder weniger Geld am Lebensende?

AfD wählt Dieter Täubert nicht. Er versteht auch gar nicht, warum nach seiner Entlassung, seiner schmalen Rente, seiner Entwürdigung, plötzlich die Flüchtlinge an allem schuld sein sollen. Wütend wird er trotzdem manchmal. Zum Beispiel, als Erich Zeigner, der erste Bürgermeister Leipzigs, in der neuen Ahnengalerie im Leipziger Rathaus fehlte. Der vom Sowjet-Militär eingesetzte Zeigner passte den Ausstellungsmachern, die nur demokratisch gewählte Bürgermeister ehren wollten, nicht ins Programm. Es sind solche Momente, in denen Täubert seine angestaute Wut spürt. »Wie der Zeigner hier nach dem Krieg innerhalb von Wochen die Innenstadt entrümpelt hat – und dann fehlt der«, sagt er. »Ideologie ist Mist!«

Wenn man Täubert fragt, was er den ganzen Tag treibt, dann erzählt er von Wintern im Wohnzimmer, wo er den alten Swing-Nummern lauscht. »We'll be over, we're coming over / And we won't come back till it's over over there.« Den Sommer über wühlt er im Garten. Am schlimmsten, sagt er, waren die ersten Jahre. Als er noch gekonnt hätte, aber nicht mehr sollte.

Dieter Täubert wühlt mittlerweile in seinem dritten Garten: Der erste wurde noch in den Siebzigern plattgemacht, für neue Plattenbauten. Über den zweiten führt heute die B6. Der dritte hält. Auch das sind Brüche, aber Täubert hat gelernt, sich den Umständen anzupassen. Er hat sogar eine neue Freundin. »Mit der Ursel ist es ganz platonisch«, versichert er. Man gehe tanzen, das ja, sagt er. »Aber jeder von uns hat seinen eigenen Garten.«

Josa Mania-Schlegel

»In Wahrheit können wir nix richtig außer Bagger fahren«

Wenn Berufe automatisiert werden, sollen Millionen Menschen ihre Jobs verlieren. Die Energiewende zeigt heute schon im Kleinen, was dann auf uns zukommt. Derzeit wird auf der Klimakonferenz im polnischen Kattowitz diskutiert, wie man die Kohle los wird – und ihre Arbeiter, wie den Sachsen Marius Koch.

Wenn Baggerfahrer Marius in den trüben Himmel blickt, dann weiß er, dass er noch gebraucht wird. Wenn andere über die trübe Brühe schimpfen, säuselt er nur: Dunkelflaute. Dunkelheit und Flaute, also: Windstille. Kein Lüftchen weht, kein Sonnenstrahl dringt durch die Wolkendecke. Die fast 30.000 deutschen Windräder und alle Solarpanels produzieren: so gut wie nichts. Bringen kaum mehr als Metallschrott, manchmal für mehrere Tage. Der Strom kommt dann zum Beispiel aus dem Kraftwerk Boxberg, am Braunkohle-Tagebau Nochten im Nordosten von Sachsen. Bei Dunkelflaute fahren wir in Boxberg Vollleistung, sagt Marius. Bei Dunkelflaute weiß er, warum es ihn noch gibt.

Ich bin aus meinem Büro in Leipzig nach Görlitz gefahren, um Marius Koch zu treffen. Der natürlich, Görlitz hat 56.391 Einwohner, selbst Städter ist. Aber der dennoch aus einer völlig anderen Welt kommt. Und dessen Job bedroht ist. Marius, Ende 20, fährt seit sechs Jahren Schaufelradbagger. Wühlt in den braunschwarzen Löchern Ostsachsens, Lausitzer Braunkohlerevier. Marius, Typ Fußballspielerfigur: Die Jahre in der Grube haben Bizeps, Schultern und Hüftmuskulatur geformt. Nein, keine schwarzen Schlieren im Gesicht, wie man sich das vorstellen könnte. Eher Typ Gillette-Model, den Bart akkurat rasiert.

Bald wird es Marius' Job nicht mehr geben, so viel ist sicher. Aber wann? In vier Jahren, in 40? Weiß er nicht, sagt er. Und das bringt Marius derzeit um den Schlaf. Manchmal liegt er nachts wach und spielt es komplett durch: Was wird aus mir, wenn die Kohle einmal nicht mehr ist? Noch bis Anfang nächsten Jahres muss er warten, mindestens. Dann will die Kohlekommission, eine Runde aus Kohlechefs, Lokalpolitikern und Umweltschützern, entschieden haben, wann deutschlandweit Schluss mit der Kohle ist.

Mir egal, ob es in vier Jahren ist, oder in 40, sagt Marius. Hauptsache, Gewissheit.

Nicht nur Marius, sondern seine ganze Branche ist nervös. Vom Chef, meint er, bekomme er nie eine Erlaubnis, öffentlich über seinen Beruf zu sprechen. Deshalb musste ich ihn anonym treffen – auch sein Name lautet in Wirklichkeit anders.

Nach der Atomkraft wird die Kohle das zweite große Opfer der Energiewende. Aber anders als die Atomkraft scheint sich die Kohle nur schleichend zu verabschieden. Für Menschen wie Marius: lähmend langsam. Vielen Menschen wird es in Zukunft ähnlich wie Marius gehen, sie wissen es nur noch nicht. Denn der Wandel, der die Kohle verschlucken wird, ähnelt einem anderen, noch größeren, der schon seit hunderten Jahren läuft. Der noch viel mehr Jobs vernichten wird als die Energiewende: die Automatisierung. Die OECD schätzt, dass in ihren technologisierten Mitgliedsstaaten dann 14 Prozent aller Berufe verschwinden. Dann wären plötzlich 66 Millionen Menschen ohne Arbeit. Ein Nürnberger Institut schätzt mittlerweile sogar 25 Prozent.

Zuerst werden Lokführer, Taxifahrer, Kassierer dran sein. Das sieht man schon jetzt, an selbstfahrenden U-Bahnen und Autos oder an der Self-Check-Out-Kasse bei Ikea oder Netto. Auch höherqualifizierte Berufe sind bedroht. Lawgeex, der virtuelle Anwalt, kann Verträge schneller und genauer auf Schwachstellen prüfen als ein Mensch. In Japan entlassen Versicherungen ihre Schadensbegutachter, weil man heute eine Drohne zum Unfallort schickt. Und sogar Ärzte lassen sich zum Teil ersetzen. Im vollautomatisierten Krankenhaus der Zukunft sprechen Patienten ihre Leiden in Bildschirme und lassen sich Blutproben maschinell entnehmen – und auswerten.

Es geht noch verrückter. Da ist Flippy, der Burgerbrater. Sam, der Maurer. Emmy, die Komponistin. Radar, der Nachrichtenjournalist. Hinter jedem dieser lustigen Namen steckt eine Maschine. Es gibt auch Hoshi Shinichi, den japanischen Romanautor, der niemals lebte, sondern nur aus Bits und Bytes besteht – was ihn nicht daran hinderte, mit seinem Debütroman beinahe einen Buchpreis abzuräumen.

Tatsache ist: Beinahe jede Tätigkeit, die Maschinen machen können, werden auch irgendwann Maschinen erledigen. Und das nicht seit gestern, sondern mindestens seit dem 3. Jahrhundert, als findige chinesische Bauern ein gefächertes Rad in den Fluss vor ihrer Mühle hängten und so keine Muskelkraft zum Mahlen mehr brauchten.

Welcher Arzt weiß schon, wann sein Krankenhaus auf Automatisierung umgestellt wird? Welcher Anwalt, wann ein Algorithmus ihn ersetzt? Der Schritt ist jedes Mal endgültig. Marius Koch erlebt ein Schicksal, das bis zu 25 Prozent der Menschen bald erwarten könnte, Ärzte, Anwälte, Romanautoren. Wenn ihr Job und alles, was sie gelernt haben, nichts mehr wert ist. Deswegen ist es wichtig, seine Geschichte zu erzählen.

Die Energiewende erreicht Marius wie eine tödliche Krankheit. Mit plötzlichem Anfang, schleichendem Verlauf und abruptem Ende. Wie die Taxifahrerin, die ihren Job gerade unwiederbringlich an selbstfahrende Autos verliert, wird auch Marius nicht einfach woanders neu anfangen können. Mit dem Ende der Kohle wird sein Beruf verschwinden. Und damit alles, was er je gelernt hat. Wenn die Kohlekommission es will, sagt Marius, wird es nicht mehr auf ihn ankommen. Dann wird man alle entlassen, bis auf die alten, erfahrenen Arbeiter, die ohnehin bald in Rente gehen. Wenn er daran denkt, sagt Marius, fühlt sich das an, als würde er ins Bodenlose fallen.

Dicht an der Abrisskante des tiefbraunen Tagebau Nochten liegt Marius' Heimatort. Nochten, das dunkelste Loch Ostdeutschlands. Die schwarze Braunkohle hier, sagt Marius, ist die beste, weil sie tief liegt. Man merke das am Bagger, die Kohle ist knochenhart, wie Beton. Nicht wie im Tagebau Reichwalde, diese verdammte Blumenerde. In Nochten ist das anders, Marius spürt das im Bagger. Wie es scherbelt. Du fliegst hin und her, spürst das Schaufelrad. Wenn es zu krass ist, sagt er, würgst du ihn ab.

Worauf es im Bagger ankommt, sagt Marius, sei Gefühl. Die Wand anfahren, schwenken. Weiterfahren, schwenken. Die Karre nicht übermäßig reinhacken. Gucken, dass die Bandanlage nicht überlädt. Sonst haben die Kollegen hinten zu schippen. Das könne bisher kein Autopilot leisten, sagt Marius.

In Ostsachsen, sagt Marius, ist die dunkle Kohle Gold wert. Ohne sie keine Lausitzer Füchse, die Eishockeymannschaft. Kein Energie Cottbus, der Fußballverein. Keine Filmnächte, Gemeindehäuser, Dorffeste. In der Stadt kann man das kaum nachvollziehen, warum sich die Dörfler wie blöde auf ihr Sportfest im Juni freuen, meint Marius. Hier gibt es den ganzen Sommer, neben Maibaum und Osterfeuer, nix anderes. Und ohne die Kohleindustrie, die fast alles fördert und sponsert, gäbe es noch nicht mal das. Jeder Fünfte aus Marius' Heimatdorf arbeitet in der Kohle. Für ihn war es damals nur logisch, dass er sich auch dort beworben hat.

2008, Marius Koch beginnt bei Vattenfall seine Ausbildung zum Mechatroniker. Die haben uns das schöngequatscht, sagt er, wir könnten danach alles ein bisschen. Bisschen Schlosser, bisschen Elektriker. In Wahrheit, sagt er, können wir nix richtig außer Baggerfahren. Und das ganze Drumherum. Warum genau er damals dort anfängt, warum er dafür eine Ausbildung bei Airbus in Hamburg ausschlägt, weiß er heute nicht mehr. Hat man damals halt so gemacht. Die Kohle schien vor zehn Jahren wie eine sichere Bank.

Auf wenig bauten die Menschen in seiner Heimat so sehr wie auf das braune Gold unter der Erde. Für wenig mussten sie so sehr leiden. Marius' eigene Oma wurde in den Siebzigern umgesiedelt. Der Kohlebagger musste an die Erdschichten unter ihrem Dorf. Trotzdem will sie, sagt Marius, dass die Braunkohle in der Region bleibt. Er will es auch.

Ich steige mit Marius ins Auto, er will mir was zeigen. Görlitz, Zgorzelec, ist eine geteilte Stadt. Eine Hälfte in Sachsen, die andere in Polen. Wir fahren über eine Brücke ins andere Land, und überqueren dabei auch eine blaue Linie. Der Meridian, die Markierung der Mitteldeutschen Zeit, auch: Görlitzer Zeit. Hier geht Europas Zeit genau richtig, sagt Marius. Einige Kilometer weiter hinten schon wieder ein paar Sekundenbruchteile falsch. Marius gibt Gas, wir brausen weiter Richtung Osten. Die Zeit richtet sich also nach Görlitz. Er muss ein bisschen lachen. Das Gegenteil ist der Fall, findet er.

2012, Marius wird mit der Ausbildung fertig – und hat Glück. In den Lausitzer Tagebauten sollen bald viele Baggerfahrer in Rente gehen, die in den 80er Jahren alles mit aufgebaut haben. Die irrsinnig großen Schaufelradbagger zusammengebaut, mitgedacht, auch mal modifiziert, auseinander- und wieder zusammengebaut haben. Ich bekam einen wunderbaren Vertrag, sagt er, unbefristet.

Wir fahren durch auf die polnische Seite, Zgorzelec. Wer von hier nach Berlin will, muss kompliziert über Dresden kurven oder ewig Landstraße fahren. Eine neue Autobahn, als Direktanbindung? Keine Chance. Mobiles Internet? Marius weiß, wo man in Görlitz den besten Empfang hat. Man muss es wissen. In seinem Heimatdorf ist komplett Funkstille. Man fühlt sich hier alleingelassen, sage ich. Nein, nicht alleingelassen, sagt Marius. Eher gar nicht gewollt. Wären viele ganz froh, wenn die Lausitz doch noch in Polen liegen würde, sagt er. Wir fahren zurück nach Deutschland.

2014, in Schweden sind die Grünen an die Macht gekommen. Und sie nehmen die stolze Braunkohle ins Visier. Wenige Wochen nach Amtsantritt verkünden die Schweden, das staatseigene Unternehmen Vattenfall zu verkaufen. Der Energiekonzern fördert und verheizt in der Lausitz Braunkohle. Zu Hause Klimaschutz predigen, aber in Ostdeutschland mit Dreck schleudern, das passt nicht zu den Schweden. Ein Jahr später einigen sich 196 Staaten in Paris auf das Klimaabkommen. Mit einem übergreifenden Ziel: weniger Emissionen. Innerhalb kürzester Zeit ist die Welt sich einig, die Kohle muss weg. Aber wann? Wie?

2018, Marius bekommt Kündigungsschutz. Bis 2022. Und dann?

Marius Koch ist einer, der immer Sicherheit wollte, und sie doch nicht bekam. Warum passiert einem das? Vielleicht, weil einer aufs richtige Pferd setzte, und Pferd trotzdem nicht gewann. Der Spruch stammt vom vielleicht berühmtesten Lausitzer Baggerfahrer, dem DDR-Musiker Gerhard Gundermann. Tagsüber saß Gundermann im Bagger, nachts schrieb er seine Lieder. Bei Marius' Vater, einem Lehrer, saß Gundermann mit seinem Sohn manchmal abends auf der Couch. Elternabend. Man schwieg sich vor allem an. Gundermann besang schon 1992 das Ende der Kohle: »Die Gleise rosten und das Förderband ist leer / Die braune Kohle von hier will jetzt keiner mehr.«

Marius kann mit dem Kohle-Romantiker Gundermann nicht viel anfangen. Vielleicht eher mit dieser Zeile: »Ich warn Bergmann, weiter hab ich nüscht gelernt.« Eigentlich würde Marius der Kohle gar nicht nachtrauern. Ich würde sofort was anders machen, sagt er, auch für weniger Geld. Das Problem ist, dass es außer der Kohle hier nichts für ihn gibt. Und von hier weg, das will er keinesfalls. »Die Frau will wegziehen, aber ich bin angebunden hier«, singt Gundermann.

Lausitzer Kohle wird seit dem 20. Jahrhundert abgebaut, da lief die Wohlstandsmaschine, die industrielle Revolution, schon längst. Seit 1800 hatten die Menschen in den vergleichsweise bevölkerungsarmen, aber hoch entwickelten Länder – USA, Deutschland Großbritannien –

immer mehr Geld. Der Grund waren die starke Industrie und die arbeitende Mittelklasse, die vom Aufschwung profitierte. Aber seit einigen Jahren nimmt der Wohlstand dieser Länder wieder ab, obwohl die Wirtschaft weiter steigt. Warum?

Ein Prinzip des Kapitalismus ist, dass er immer effizienter, man könnte auch sagen: immer böser wird. Zu Zeiten der industriellen Revolution bedeutete das, dass er immer mehr Menschen für sich arbeiten ließ. Dass er die Welt globalisierte. Aber heute, mit unseren technischen Möglichkeiten, ist es plötzlich lohnender, weniger Menschen zu beschäftigen. Die amerikanische Produktion hat seit 1995 ihre Umsätze verdoppelt und dabei ein Drittel ihrer Arbeiter verloren. Die Regel, dass eine boomende Wirtschaft auch eine reiche Mittelschicht produziert, wird damit zum Mythos. Wenn Politiker sie als Erfolg verbuchen, wie Donald Trump es gern tut, dann muss man heute fragen: Boomt denn auch das Einkommen der Angestellten?

Bei der Energiewende ist das ganz ähnlich. Seit 1990 ist der Stromverbrauch in Deutschland gestiegen. Trotzdem bangen heute Menschen wie Marius Koch, die Strom produzieren, um ihren Job. Das große deutsche Projekt Energiewende, die in Deutschland als Erfolgsprojekt gilt, bekäme auch eine Schattenseite. Jedenfalls, wenn man es nicht schafft, Menschen wie Koch etwas anderes anzubieten.

Nur was? Was wird aus einem wie Marius, und den 8.000 anderen Lausitzer Braunkohle-Arbeitern, wenn die Kohle einmal nicht mehr ist? Mit den geschätzt 25.000 Menschen, die hier indirekt von der Kohle abhängig sind? Im Zwischenbericht der Kohlekommission ist von »Weiterbildungen und Qualifizierungen« die Rede. Nichts Konkretes. Marius weiß es auch nicht.

Wenn in Sachsen frischer Wind aufkommt, dann fährt Marius seinen Bagger oben in Nochten schon Mal zwei Stunden früher runter. Dann ist Strom da. 10, 12 Mal im Jahr passiert das. Bislang weiß niemand so richtig, wie man diesen Strom für später speichern könnte. Wenn die Dunkelflaute kommt. Wenn man das herausfindet, ist die Dunkelflaute auch für Marius nur noch trübe Brühe. Er zieht an der dünnen polnischen Zigarette. Drüben sind sie billiger. Ich weiß schon, sagt er, dass wir aus der Kohle rausmüssen. Ich bin ja selbst dafür.

Marius guckt in den trüben Himmel. Wenn die Windräder stillstehen und weder Braunkohle noch Atomkraft einspringen, dann kauft Deutschland Strom aus dem Ausland. Strom aus französischen Atomkraftwerken, die dicht an der deutschen Grenze liegen. Oder aus polnischen Kohlekraftwerken, die viel älter und klimaschädlicher sind als die hochmodernen Werke in Ostsachsen.

Vielleicht frustriert das den Baggerfahrer Marius Koch am meisten. Nichts, sagt er, wäre schlimmer als sinnlos den Job aufzugeben. Von seinem Bagger verwiesen zu werden, während andere weiter baggern.

Christian Gesellmann

Teil 2: Der neue Rechtsextremismus

Warum ich aus Sachsen weggezogen bin

Wenn Hauptkommissare Selbstjustiz verüben und keinen juckt's, wenn Nazis ungestraft in aller Öffentlichkeit Jagd auf Ausländer machen, wenn man nicht nicht mit schuld sein kann: Auf Wiedersehen, Sachsen.

Zwickau, Mitte der Neunzigerjahre: Ich war gerade aufs Gymnasium gekommen, Deutschland gewann die Fußballeuropameisterschaft und meine Nachbarn feierten Adolf Hitler. Meine Nachbarn, das waren die »HooNaRa« – Hooligans, Nazis und Rassisten. Die hießen wirklich so. Es stand auf ihren T-Shirts und auf ihren Bannern. Weiß auf Schwarz.

Sie standen im Fan-Block des FSV Zwickau, sie besetzten die Terrasse des Eiscafés im Freibad, sie veranstalteten Konzerte und hatten einen Klamottenladen in der Innenstadt. Und ab und zu feierten sie auf dem Fahrübungsplatz hinter dem Haus meiner Eltern. Dort hatten sie eine kleine Baracke.

Weil Nazis gern um Feuer herumstehen, wenn sie Nazi feiern machen, und auf Fahrübungsplätzen nicht viel Brennbares zu finden ist, suchten sie nach Holz in der Nähe und fanden unseren Zaun. Er brannte gut und knackte wie ein altes Grammophon, während die HooNaRa drumherumstanden, unfassbare Mengen Bier tranken und Sieg Heil riefen. Wenn 50 Männer gemeinsam singen, kann man das sehr weit hören. Manchmal kletterten mein Bruder und ich auf das Vordach unseres Hauses, drückten uns an die Hauswand und beobachteten sie.

Meine Eltern riefen die Polizei. Die Polizei sagte, man wisse schon Bescheid. Man könne aber nichts machen – man habe nicht genug Leute. Meine Eltern schrieben dem Ordnungsamt – der Ordnungsamtsleiter rief zurück und sagte: Das sind nur Dumme-Jungs-Streiche und er habe Wichtigeres zu tun. Bald hatten wir keinen Zaun mehr.

Einmal stand ein Polizeiwagen in der Einfahrt zu unserem Haus, während die Nazis wieder mal feierten. Zwei Polizisten blitzten Raser. Wir gingen hin zu ihnen. »Hören Sie das nicht?«, fragten wir.

»Was denn?«

»Die Sieg Heil-Rufe?«

»Und? Was soll'mern da jetzt machen?«

Es waren nicht nur Dumme-Jungs-Streiche, die die HooNaRa ausheckten. Das hätte man damals schon wissen können. Heute muss man es wissen – einige von ihnen gehörten zum Netzwerk des späteren Nationalsozialistischen Untergrundes (NSU). Sie halfen beim Töten. Mindestens einer von ihnen war beim Bundesverfassungsschutz. Er lebt heute in der Schweiz.

Der Ordnungsamtsleiter von damals ist heute Stadtrat in Zwickau. Er ist CDU-Mitglied und Träger des Bundesverdienstkreuzes. Bei der Polizei hat sich nicht viel geändert seitdem, darauf komme ich gleich nochmal zurück. Mein Bruder und ich sind aus Zwickau weggezogen, wie die meisten unserer Freunde, bald nach dem Abitur.

Vor fünf Jahren bin ich zurückgekommen, um erst in Chemnitz, dann in Zwickau für die Tageszeitung Freie Presse zu arbeiten. Vielleicht auch, um meine Heimat wiederzufinden.

Nazis – nennt sie von mir aus wie ihr wollt – gab es hier schon immer. Das wussten alle außer der CDU. Aber was musste geschehen, dass sie die Überhand gewinnen? Was haben wir – ich und die anderen, die sich für die Guten hielten – falsch gemacht?

Ein Beispiel: Vergangenen Sommer sehe ich, wie in der Fußgängerzone ein Mann eine Roma anschreit. Die Frau saß dort, direkt vor dem Eingang der Redaktion, seit einigen Tagen mit ihrem Pappbecher auf dem Kopfsteinpflaster und sagte: Gutetag.

Der Mann war ein sehr wütender und auch ein sehr muskulöser. Er forderte die Frau auf, aufzustehen und abzuhauen. Und er hatte offensichtlich vor, so lange zu brüllen, bis sie geht. Ich habe den Mann gefragt, was genau er denn da macht. Da wendete er sich sofort von der Frau ab, trat bis auf Bockwurstlänge an mich heran und durch seinen voluminösen Brustkorb pumpte Wutblut. Ich hätte mich hier nicht einzumischen und solle gehen. Da habe ich ihm gesagt, dass er kein Recht hat, irgendjemanden herumzukommandieren. Darauf sagt er: Doch!

»Dann sind Sie also gerade in dienstlichem Auftrag?«, frage ich ihn.

»Sie behindern hier eine Polizeiaktion. Ich verweise Sie vom Platz!«

»Sie sind allein und in zivil. Der Frau haben Sie Ihren Ausweis auch nicht gezeigt. Das soll eine Polizeiaktion sein?«

»So, jetzt reicht's! Jetzt zeigen Sie mir mal Ihren Ausweis!«

Ich zeige ihm meinen Presseausweis. »Kann ich jetzt mal Ihren Ausweis sehen?«

»Sie haben sich hier nicht einzumischen. Weg jetzt! Sie denken och, weilse Journalist sind, dürfen Sie alles?«

»Um Ihnen eine Frage zu stellen, brauche ich nicht mal

Journalist sein. Im Moment frage ich als ganz normaler Bürger: Was machen Sie hier?«

»Als Bürger haben Sie mich GAR NICHTS zu fragen!«

Dann zeigt er mir aber doch einen Ausweis. So ein blauer Lappen, für mich sah das aus wie selbstgemacht, das Foto, auf dem er einen massiven Schnauzer hat, sah aus, wie vor zwanzig Jahren im Fotofix am Hauptbahnhof geknipst – aber ich hab auch noch nie einen Polizeiausweis gesehen (ohne jetzt kleinlich werden zu wollen, aber ich muss meinen Presseausweis jedes Jahr neu beantragen und dafür rund 80 Euro bezahlen).

Daraufhin ist er erstmal abgedampft. Die Bettlerin blieb sitzen. Ich fand den Typ so absurd, dass ich dachte, der ist ein Reichsbürger, und will gerade bei der Polizei anrufen und fragen, ob es den Hauptkommissar Wutbürger tatsächlich gibt, da kommt er in die Redaktion gepoltert, brüllt mich ungefähr fünf Minuten lang an – was ich mir einbilde, blabla, und beschwert sich dann persönlich beim Redaktionsleiter über mich. Während er also im Nachbarzimmer zur Abwechslung mal auf meinen Chef einbrüllt, google ich den Name des vermeintlichen Reichsbürgers.

Es stellt sich heraus: Er ist wirklich Hauptkommissar bei der Zwickauer Polizei. Sein Job: Präventionsbeauftragter.

Mein Chef hat mich danach in seiner Was-hast-du-denn-nu-schon-wieder-gemacht-Stimme gefragt, was da los war. Und das war's. Im Nachhinein betrachtet eigentlich unglaublich: Man hindert einen ranghohen Polizisten an der Ausübung von Selbstjustiz gegenüber einer Roma. Anschließend bedroht mich der Polizist, der in seiner Eigenschaft als Präventionsbeauftragter regelmäßig von der Zeitung interviewt wird, und schwärzt mich bei meinem Boss an – und die Reaktion darauf ist gleich Null.

Wir waren so abgestumpft, dass wir solche Aktionen einfach ignorierten. Für Zwickauer Verhältnisse war das eine Lappalie. Ein kleiner Blick in den hiesigen Wahnsinn:

- Etwa ein Dutzend Neonazis stürmt in eine Diskothek in der Innenstadt und treibt alle Ausländer nach draußen, um sie zu verprügeln. Ein Türke liegt danach im Koma. Etwa 60 Gäste sind zu dem Zeitpunkt in der Disko. Viele filmen und fotografieren die Tat. Als Zeuge meldet sich niemand von ihnen. Es kommt noch schlimmer: Der Chef der Zwickauer Ausländerbehörde versucht den Türken, der seit elf Jahren in der Region lebt, nun abzuschieben – wohl gemerkt nach der Attacke auf ihn, die ihm bleibende Schäden und unendliche Schmerzen verursachte. Und trotz des wiederholten Hinweises der Staatsanwaltschaft, dass er in einem Gerichtsprozess der wichtigste (bis dahin sogar einzige) Belastungszeuge wäre. Konsequenzen für den Chef der Ausländerbehörde: keine. Politische Reaktionen auf den Vorfall: null. Eine Barkeeperin, die Aussagen zu rassistischen Äußerungen der Diskobetreiber macht, wird mit anonymen Briefen bedroht. Ihre Tochter wird angespuckt, weil sie einen Albaner geheiratet hat. Eine Meute Neonazis macht Jagd auf Ausländer – und kommt weitgehend ungestraft davon. Nur ein einziger der Schläger landet vor Gericht, er erhält eine Bewährungsstrafe.

- Eine Gruppe von rund 15 Punks wird an einem Samstagabend auf dem Hauptmarkt von einer etwa gleichgroßen Gruppe Neonazis verprügelt, die aus einem Pub stürmen – und sich dorthin zunächst auch wieder zurückziehen, als die Polizei kommt. Die hält es für unverhältnismäßig, die Täter aus dem Pub herauszuholen, mehrere flüchten durch den Seitenausgang, während erstmal die Personalien der Punks aufgenommen werden. Die Polizei hält es auch nicht für notwendig, den Vorfall in ihren Medienberichten zu erwähnen. Erst auf Nachfrage erklärt sie in einer späteren Pressemitteilung, der Übergriff sei »politisch motiviert« gewesen. Das »Bündnis für Demokratie und Toleranz« der Region weist diese Bewertung daraufhin in einer eigenen Pressemitteilung zurück – und empfiehlt, sich mit den lokalen Handelstreibenden an einen Tisch zu setzen, da es von deren Seite häufiger Beschwerden über die Punks gegeben haben soll. Das »Bündnis für Demokratie und Toleranz« rechtfertigt indirekt Selbstjustiz – einige der Punks gehören übrigens einem Verein an, der sehr aktiv im Bündnis mitarbeitet – und will mehr wissen als der ermittelnde Staatsschutz. Punks berichten mir, dass die Polizisten zu ihnen am Tatort gesagt haben, dass sie doch aus Deutschland abhauen können, wenn es ihnen hier nicht passt. Ein einziger Täter landet vor Gericht. Gegen eine Geldauflage wird der Prozess eingestellt.

- Noch drei Jahre nachdem Beate Zschäpe die Wohnung des Terror-Trios NSU in die Luft sprengte, erklären ausnahmslos alle Fraktionen im Stadtrat – auch die Linken und die Grünen –, dass Zwickau kein Problem mit Rechtsextremismus habe und es reiner Zufall gewesen sei, dass sich das Trio mehr als zehn Jahre in Zwickau vor der Polizei verstecken konnte. Zu diesem Zeitpunkt ist längst bekannt, dass der NSU zahlreiche Unterstützer in der Stadt hatte, dass Beate Zschäpe für die ehemaligen Nachbarn des Trios immer noch die »liebe Lisa« ist. Das Haus wurde schnellstmöglich abgerissen. Nichts erinnert in irgendeiner Form an die Taten des Trios oder an deren Opfer. Eine Künstlergruppe, die sich dafür einsetzt, eine Aufarbeitung der Taten vor Ort zu betreiben, wird öffentlich von der Oberbürgermeisterin und dem Bundestagsabgeordneten der CDU angefeindet. Der Stadtsprecher schrie mich einmal am Telefon an, ich solle aufhören, auf dem Thema herumzureiten. Was wollt ihr denn, fragte er.

Rund die Hälfte der Straftaten, die in der Stadt verübt werden, und etwa die Hälfte aller Strafprozesse im Amtsgerichtsbezirk stehen im Zusammenhang mit Crystalmeth. Die Zahl dieser Drogensüchtigen ist seit 2012 sprunghaft angestiegen, die Kapazitäten der Suchtberatungen und der Suchtprävention – Aufgabe des Landkreises – hingegen stagnieren seit zehn Jahren, die Region ist mit Fachpersonal unterversorgt. In keinem der fünf Wahlkämpfe, die ich in meiner Zeit in Zwickau erlebt habe, hat ein einziger kandidierender Politiker das Thema – das ganz offensichtlich das drängendste Problem der Gesellschaft

in Zwickau ist, noch vor Rechtsextremismus und Arbeitslosigkeit – von sich aus angesprochen, kein einziges Mal war es Thema im Stadtrat. Bis heute hat sich am Budget der Suchtberatungen nichts geändert.
Und so weiter und so fort. Natürlich gäbe es auch Positives zu berichten. Und natürlich spielte in den Prozessen oft auch eine Rolle, dass die Opfer nicht aussagen wollten, weil sie nicht mit dem Staat kooperieren wollen. Aber nichts kann das beschriebene Versagen von Politik und Behörden rechtfertigen oder aufwiegen.

Dass ich keinen Elan hatte, mich über den Hauptkommissar Wutbürger nach seiner Sheriff-Nummer zu beschweren und den Vorfall öffentlich zu machen, lag aber nicht nur daran, dass es für Zwickauer Verhältnisse nur eine kleine Episode war. Es lag auch daran, dass ich wusste, dass es nichts bringen würde. Es würde keine Konsequenzen haben, außer der, dass es in Zukunft die Zusammenarbeit mit der Polizei erschweren würde und es einen Haufen wutsabbernder Anrufe von Lesern geben würde, die drohen, die Zeitung abzubestellen, weil sie es nämlich richtig finden, dass mal jemand die Bettelzigeuner aus der Stadt jagt.

Ich beschreibe diesen Vorfall deshalb so ausführlich, weil er den Mechanismus deutlich macht, mit dem auch ich korrumpiert wurde und mich der Meinungshoheit der Xenophoben von ganz allein gebeugt habe. Mir musste niemand sagen: Du darfst darüber nicht schreiben. Ich hatte auch keine Angst davor oder hätte den Ärger gefürchtet. Ich hatte schlichtweg keinen Bock mehr, mich darüber aufzuregen.

Es ist ein schleichendes Gift, das mir Sachsen verabreicht hat. Vor etwa vier Jahren traf ich Mohammed im Zug, einen Iraner, der ein Jahr zuvor als Flüchtling nach Deutschland gekommen war. Ich lebte damals noch, wie er, in Chemnitz und wir beide waren auf dem Heimweg von der Arbeit. Er jobbte in einer Dönerbude. Ich hatte ihm beim Umzug vom Asylbewerberheim in eine eigene Wohnung geholfen und seitdem besuchten wir uns ab und zu.

Es war Freitagabend und wir beschlossen, noch ein Bier trinken zu gehen im »Flower Power«, einer Musikkneipe in der Innenstadt. Der Türsteher fragte nach Mohammeds Ausweis. Er zeigte ihm seine Aufenthaltsgenehmigung.

»Damit können wir ihn nicht reinlassen«, sagt der Türsteher zu mir.

»Warum?«

»Weil generell keiner mehr mit so einem Ausweis hier reinkommt. Ist zu viel Scheiße passiert.« Der Türsteher trug eine Schutzweste und war vietnamesischer Herkunft.

Ich hielt ihm meinen Personalausweis hin. »Hier, behalt meinen Ausweis, er ist mein Freund und ich bürge für ihn.«

»Nee, ich kann jetzt hier keine Ausnahmen machen. Araber kommen nicht mehr rein, wenn sich jemand bei meinem Chef beschwert, hab ich den Ärger. Die Asylbewerber haben hier schon Zeug abgezogen, das geht hier einfach nicht mehr.«

»Ihr könnt doch nicht alle über einen Kamm scheren. Und übrigens ist er Perser und kein Araber.«
»Es bringt nichts, hier rumzudiskutieren.«

Wir diskutierten aber trotzdem noch eine Weile. Mohammed stand neben uns und guckte zu Boden. Irgendwann verlangte ich, den Chef zu sprechen, sprach von Pauschalverurteilung und Rassismus und drohte damit, in der Zeitung darüber zu berichten. »Ey guck mal«, sagte der Türsteher, »ich bin doch selber Ausländer. Das hat nichts mit Rassismus zu tun.«

Dann wollte er uns doch noch reinlassen. Aber ich hatte jede Lust verloren, und Mohammed schon viel länger, und ich begann mich dafür zu schämen, diese Situation überhaupt angezettelt zu haben.

Mohammed erzählte mir, dass er in noch mindestens fünf weitere Diskotheken in Chemnitz und Zwickau nicht reinkommt. Er sagte: Reg dich nicht auf.

Ich habe darüber nie geschrieben. Aus folgendem Grund: Eine weitere Schlagzeile, ein weiterer Artikel, in dem es um Asylbewerber und Probleme mit ihnen geht – denn so nimmt das die absolute Mehrheit der Leser war –, hätte nur folgende Reaktionen verursacht: weitere Hetze gegen Ausländer. Es hätte die schon damals aggressive

Stimmung noch weiter angeheizt. Die meisten fanden und finden es einfach richtig, wenn die Disko blond bleibt.

Ich begann taktisch zu denken, nicht mehr als Journalist. Damals hat das vollkommen Sinn für mich gemacht, es gab ja noch ein paar Clubs, in die Asylbewerber durften, und das waren eh die besseren Clubs und in den anderen wäre es für Mohammed sowieso ein einziges Spießrutenlaufen geworden.

Das versteht man erst mit etwas Abstand so wirklich. Besser ist natürlich, man entwickelt dafür nie Verständnis. Bei allem Sachsen-Bashing darf man aber nicht vergessen, dass diejenigen, die sich hier für Werte wie Toleranz und Menschenrechte eingesetzt haben, schon an der Belastungsgrenze waren, bevor es mit der Flüchtlingskrise losging und als es offiziell noch gar keinen Rechtsextremismus in Sachsen gab.

Nestbeschmutzer – das war der Begriff, mit dem auch ich oft genug von denen abgekanzelt wurde, denen das Image Sachsens ach so wichtig war, unter dessen Deckel jedes Argument luftdicht verschlossen wurde. Im Nachhinein muss ich feststellen, dass es ganz gut funktioniert hat.

Und ich habe ja nur meinen Job gemacht und wurde dafür gut bezahlt und war unbefristet angestellt. Diejenigen, die wirklich Demokratiearbeit in Sachsen leisten, die sich seit jeher gegen Rechts engagierten, die sind nicht nur regelmäßig Opfer realer Gewalt geworden, und mussten sich dafür auch noch öffentlich auslachen lassen, sie waren auch stets in prekären Arbeitsverhältnissen angestellt, mit Einjahresverträgen und mieser Bezahlung,wenn nicht gar ehrenamtlich.

Und wer jetzt sagt, na, dann zieh doch weg: Jep, das mach ich auch. Und es werden und haben mir schon viele gleichgetan. Es ist keine Genugtuung dabei, das zu schreiben. Ich bin zum Fremden in meiner eigenen Heimat geworden. Und die mag nun mal keine Fremden. Die mag sich ja noch nicht mal selbst.

Ich weiß von Lehrern, die ausländische Schüler nur mit Nummern ansprechen, weil sie keinen Bock haben, sich deren exotische Namen einzuprägen. Es gibt Blogs, auf denen mit Name und Foto über Lokaljournalisten gehetzt wird, die über Asylpolitik berichten. Es gibt Youtube-Videos, die zur Gewalt gegen ehrenamtliche Flüchtlingshelfer aufrufen – der Kanal verwendet dabei eine Bildsprache, die der des Bekennervideos des NSU gleicht, und die Hinweise, dass die Produzenten die gleichen sind, gibt es schon seit Jahren.

Ich weiß von Krankenschwestern, die von ihren Kolleginnen schief angeguckt werden, weil sie versuchen, ihre ausländischen Patienten zu verstehen (nicht in einem philosophischen Sinn oder so, sondern aus rein medizinischer Sicht), und von Sozialarbeitern, die am Verzweifeln sind, weil ihr Vorgesetzter nun AfD-Politiker ist. Und so weiter und so fort.

Sachsen ist zu einem Land geworden, das von ganzkörpertätowierten, kontrollwütigen, kulturlosen, kaufsüchtigen und zutiefst unglücklichen Wutbürgern dominiert wird, von Meth-heads und kaputtgespielten Schichtarbeitern. Wir haben es lang nicht wahrgenommen, weil die Killerprolls in keinem öffentlichen Diskurs vorkamen, weil sie nie nach gesellschaftlichen Funktionen gestrebt haben, weil wir sie wie schlechtes Wetter behandelt haben. Die Flüchtlingskrise hat den ganzen Hass nicht ausgelöst. Sie hat ihn nur sichtbar gemacht.

Für Industriegötter wie Volkswagen, für die soziale Verantwortung alte Kamellen sind, hat die CDU jedes Götzenopfer gebracht, das verlangt wurde. Sachsen ist zur verlängerten Werkbank gemacht worden. Unsere sozialen Bindungen sind immer loser geworden, die Arbeitsverhältnisse immer sklavenartiger. Ganz Deutschland lacht über Sachsen. Aber der Fremdenhass hier ist nicht über Nacht entstanden und er ist auch kein Phänomen, das auf Sachsen oder den Osten beschränkt bleiben wird, wenn Politik und Wirtschaft weiter dankbar für jeden sind, der die Klappe hält und sich alle zwei Jahre einen neuen Flatscreen kauft.

Den Zaun, den die HooNaRa für ihre Lagerfeuer verwendet hatten, ersetzten wir durch einen neuen, einen, der nicht entflammbar ist, einen grünen Maschendrahtzaun. Von Weitem verschwamm das feinmaschige Muster des Zaunes mit den Bäumen und Sträuchern, die dahinterstanden. Im Sommer, wenn alles grün war und blühte, sah es so aus, als hätten wir gar keinen Zaun mehr.

Christian Gesellmann

Rechts sind immer nur die anderen

Ich habe mich mit besorgten Bürgern in meiner Heimatstadt Zwickau getroffen. Was soll ich sagen – ich habe mir Mühe gegeben. Aber so richtig gutgegangen ist das nicht.

»Na, sag mal, dich kenn‘ wir doch auch irgendwo her, ne?«, fragt mich ein Mann, schräg von der Seite, wie man so schön sagt. Ich stehe am Rande einer Demonstration in der Innenstadt von Zwickau. Es ist Samstagnachmittag, null Grad, mit der einsetzenden Dämmerung wird es rasch kälter. Ab und zu erhebt sich ein Sprechchor: »Volks-ver-rä-ter! Volks-ver-rä-ter!«

Es sind nicht viele Demonstranten diesmal, nur etwa 50. Der harte Kern. Ich will ihn mir ansehen, hören, was sie zu sagen haben. Denn diese Leute nehmen meine Heimatstadt seit mehr als einem Jahr in Geiselhaft. Einige von ihnen zetteln Schlägereien im Stadtrat und bei Bürgerversammlungen an. Sie bedrohen und verleumden Journalisten und Politiker. Letztes Jahr jagte ein Mob Bundesjustizminister Heiko Maas von der Bühne, auf der er eine Rede zum 1. Mai halten wollte. Er flüchtete unter Polizeischutz. Der Oberbürgermeisterin von Zwickau flog ein Stein durchs Küchenfenster. Ins Asylheim flogen Molotowcocktails Es sind Leute wie diese, die für das miese Image Sachsens als Hochburg der Bekloppten und Neonazis verantwortlich sind.

In einem Artikel für Krautreporter die Gründe dafür beschrieben, warum ich aus Sachsen weggezogen bin. Fremdenfeindlichkeit war nur einer davon. Ein anderer war, dass hier rechte Gewalttäter immer wieder ungestraft davonkommen, während die Opfer und diejenigen, die sich gegen Rechtsextremismus einsetzen, oft diskriminiert werden. Neben den Bekloppten stehen aber auch Rentner auf dem Platz, die sagen, nach 45 Jahren harter Arbeit reicht die Rente nicht zum Leben. Andere behaupten, sie sammeln Geld für Obdachlose und haben an Weihnachten Pakete für Arme gepackt. Der erste Redner spricht über die angeblich katastrophale medizinische Versorgung im Landkreis.

Ich gehe durch die Reihen der Protestierenden. Der Mann folgt mir. »Du bist doch einer von der Zeitung, ne?!«, fragt er. »Wie war denn der Name gleich nochmal?«
Gesellmann, sage ich.

»Ach, der Herr Gesellmann. Auch mal wieder da. Sind wir nicht in Rumänien jetzt? Ich hab doch sowas gesehen im Internet. Was machen wir denn in Rumänien? Bestimmt was für die Flüchtlingshilfe, ne?! Schön von Steuern bezahlt, ne?!« Der Mann und ich, wir haben uns schon öfter gesehen, aber nie wirklich unterhalten. Bevor ich weggezogen bin, war ich zweieinhalb Jahre Redakteur bei der

Lokalzeitung Freie Presse in Zwickau. Der Mann gehörte schon zu den Besorgten Bürgern, als es Pegida & Co. noch gar nicht gab, als »besorgt« und »Bürger« noch eine ungewöhnliche Wortkombination war, kein Kampfbegriff.

Zwickau ist eine gemütliche Stadt, umringt von Grün, am Rande des Erzgebirges, mit einem fein sanierten mittelalterlichen Stadtkern, tollen Schulen, modernsten Sportstätten und einem regen Vereinsleben. Der größte Arbeitgeber ist Volkswagen. Etwas mehr als 90.000 Menschen leben hier, 30.000 weniger, als es zur Wendezeit waren. Zehn Jahre lang lebten hier in der Stadt auch die rechtsextremen Terroristen des NSU. Wenn die NPD Wahlkampf machte, konnte man die Kundgebungsteilnehmer an einer Hand abzählen. Gegen die NPD-Leute schrien und pfiffen dagegen etwa 200 Leute an, oft mit der Oberbürgermeisterin ganz vorn mit dabei.

Und unsere Besorgten Bürger kannten wir bei der Zeitung mit Namen. Das waren eine Handvoll mittelalter Männer, die bei den Stadt- oder Gemeinderatssitzungen am Eingang warteten, um dem Reporter schnell noch Sachen zu stecken wie: »Der Bürgermeister hat beim Umweltverträglichkeitsgutachten für das Dach der neuen Kindertagesstätte betrogen« oder »Bei der Größe des geplanten Regenwasserauffangbeckens hat er sich verrechnet.« Männer, die seitenlange Leserbriefe mit der Schreibmaschine schrieben und sie ans Schaufenster des leerstehenden Geschäfts gegenüber der Redaktion klebten, wenn wir sie nicht abdruckten oder nur auszugsweise. Männer, die immer dieselben Klamotten trugen. Nervensägen.

Verschwörungstheoretiker, die »gegen die da oben« was unternehmen wollten. Leute, die man ein, zwei, vielleicht auch drei Mal ernst genommen und danach so gut es ging ignoriert hat.

Aber das war, bevor auch in Zwickau Flüchtlinge ankamen. Und bevor unsere Besorgten Bürger neue Freunde aus dem rechtsextremen Milieu fanden. Bevor »die da oben« zu »Volksverrätern« wurden.

»Merkel muss weg! Merkel muss weg!«, rufen die Demonstranten jetzt, und »Widerstand, Widerstand!« Grimmige junge Männer mit breiten Kreuzen, Thor-Steinar-Jacken und schwarz-rot-weißen Mützen beobachten ein Grüppchen Antifas, die das Treiben beobachten, was wiederum die Polizei beobachtet. Mehrere Deutschlandflaggen, das Phillippuskreuz, eine Fahne der Alternative für Deutschland, eine der Identitären Bewegung und je eine Flagge Ungarns und Israels sowie eine Menge Paranoia wehen im Winterwind. Ob ich denn auch schon einen Marokkaner bei mir zu Hause aufgenommen habe, fragt mein Besorgter. »Nee? Na, da bin ich aber sehr enttäuscht.«

Neben uns motzt ein Mann, »was der Scheiß mit der Israel-Fahne hier soll«. Drei Meter vor mir steht eine Frau und macht mit ihrem Smartphone ein Foto von mir.

»Ich guck mir mal die Gegendemo an«, sage ich zu meinem Besorgten und gehe 50 Meter weiter, zu einer Gruppe von rund 15 Leuten, die gerade ein Kirchenlied singen. Ein Schulsozialarbeiter ist mit dabei, ein paar Mitglieder der

Grünen. Sie stehen um eine Laterne herum, vor ihnen steht auf einem Schild: »Flucht ist kein Spaziergang.«
»Bass oder Tenor?«, fragt mich einer der Grünen.
»Reporter«, sage ich.
»Ach, schreibst du wieder für die Zeitung?«
»Ja«, sage ich, mache ein Foto und gehe wieder. »Man sieht sich.«

Die Bilder von diesem Nachmittag hätte eigentlich der Fotograf der Zeitung machen sollen. Vor der Demo haben wir uns in einer Hotelbar getroffen, von der aus man das Geschehen beobachten konnte. Er machte ein paar Schnappschüsse durchs Fenster. »Scheiß aufs Honorar, ich will heute nicht wieder Spießruten laufen. Kannst du später noch paar Fotos machen?«, sagte er und verschwand.

Wie mehrere Redakteure der Zeitung und etliche Politiker und Mitarbeiter der Stadtverwaltung ist er in den vergangenen Monaten mehrfach von Asylkritikern beleidigt und bedroht worden. Fotos von ihm hängen wie Steckbriefe an den Timelines rechtsextremer Facebook-Gruppen der Region. »Ich weiß, wo du wohnst«, raunte ihm kürzlich ein Rechtsextremer zu. Seit mehr als einem Jahr gehört das zum Alltag der Zwickauer, die das öffentliche Leben gestalten oder dokumentieren.

Eine Gruppe von geschätzt zehn Männern, die eine Facebook-Seite und einen Youtube-Kanal betreiben, schüchtert alle ein, die ihre Meinung zum Thema Asyl und Flüchtlinge nicht teilen. Sie tauchen bei Stadtratssitzungen und Informationsveranstaltungen auf, teilweise maskiert, manchmal in Burkas gehüllt. Sie stören, in dem sie Fragen stellen wie: »Haben Sie auch schon einen Flüchtling bei sich zu Hause aufgenommen?« oder behaupten, die Oberbürgermeisterin würde »IS-Terroristen« bei sich zu Hause unterbringen. Sie brüllen das so lange, bis alles in Chaos ausbricht, 20 oder 30 Mal, wenn es sein muss.

Sie schubsen Leute aus dem Weg, filmen ihr Tun mit Digitalkameras und stellen es dann ins Internet. Dazu posten sie häufig die Namen und Adressen derjenigen, die sie gefilmt haben, versehen mit ein paar zynischen Kommentaren. Sie begreifen sich als die Gegenöffentlichkeit, als die Alternative zur »Lügenpresse«. Sie nennen sich »Kara Ben Nemsi TV«, nach dem Helden aus den Abenteuerromanen von Karl May.

Ausgerechnet Karl May. Der war bekanntermaßen ein notorischer Betrüger und saß in Zwickau im Gefängnis ein, weil er sich unter falschem Namen Kleidung auf Kredit gekauft hatte und nicht bezahlen konnte. In der Zelle soll er sich dann entschieden haben, Schriftsteller zu werden. Die Abenteuer, die er beschrieb, waren tolle Fantasien, von denen er oft behauptete, sie selbst erlebt zu haben.

Sich eine Karl-May-Figur als Namenspatron für objektive Berichterstattung zu wählen, ist ungefähr so logisch, wie Mario Barth als Gleichstellungsbeauftragten vorzuschlagen. Den Ausschlag dafür dürfte gegeben haben, dass Kara Ben Nemsi laut Wikipedia »Sohn der Deutschen« bedeutet.

Der Mann, der mir während der Demo so viele Fragen stellt, gehört mit zu den Abenteuer-Reportern. Außerdem dabei: Torsten G., ein wegen gefährlicher Körperverletzung vorbestrafter Mann, der einst im rechten Szeneladen von Ralf »Manole« Marschner[20] gearbeitet hat. Der Zwickauer Neonazi Marschner war zehn Jahre lang V-Mann beim Bundesverfassungsschutz und soll das NSU-Trio mehr unterstützt als bespitzelt haben.

Ebenfalls zum KBN-Netzwerk gehört Benjamin Przybylla. Er hat eine Gartenbau-Firma, war früher mal ein Jesus-Freak, rief noch vor einem halben Jahr in einem lokalen sozialen Netzwerk unter einem Pseudonym zur Gründung von Milizen auf. Vor kurzem ist er von der AfD zum Bundestagskandidat für den Wahlkreis Zwickau gekürt worden.

Bei der Demonstration ist er nicht mit dabei, lässt aber vom Veranstalter ein Grußwort verlesen, indem er sich wünscht, »dass die Verantwortlichen des Zersetzungsprozesses unseres Landes zur Rechenschaft gezogen werden«.

Drei Tage vorher war einer seiner Hobbyjournalistenfreunde bei einer Bürgerversammlung festgenommen worden, weil er trotz des extra wegen der Kara-Ben-Nemsi-Leute erlassenen Kameraverbotes Besucher und Mitarbeiter der Stadt filmte. Er weigerte sich aufzuhören, schlug einen Ordnungsamtsmitarbeiter, wurde dann selbst niedergeschlagen. Jetzt steht er bei der Demo wieder da, ein

20 Siehe das Dossier über Marschner auf dem Blog NSU-Watch: https://www.nsu-watch.info/tag/ralf-marschner-manole/

großes Pflaster am Kinn, und filmt. Die Pressefreiheit, sagt der nächste Redner auf der Bühne, ist ein wichtiges Gut.

Organisiert wird die Demo von der »Bürger Offensive Deutschland«. Es gibt sie noch nicht mal ein Jahr. Ihr Gründer Ralf Großmann sagt mir, man sei inzwischen im ganzen Land vernetzt und habe rund 500 Mitglieder. Angesichts der Teilnehmerzahl und der aktuell 271 Likes für ihre Facebook-Seite, wirkt die Zahl aber stark übertrieben.

Den Demo-Teilnehmern stellt der 41-jährige Hobby-Kampfsportler Großmann die Bewegung so vor: »Wir sind keine Politiker, gehören auch keiner Partei an. Wir haben alle einfach nur die Schnauze voll davon, was hier in unserem Land passiert. Wir möchten zeigen, dass mit diesem Protest gegen Merkels selbstmörderische Einwanderungspolitik keiner alleinesteht. Wir stehen für friedlichen Protest und distanzieren uns von NPD und Pegida.«

Er sagt auch, dass in Deutschland inzwischen Zustände herrschen wie zu Nazi-Zeiten. Er beschwert sich, dass die Medien ihn und seine Bewegung immer wieder »in die rechte Ecke stellen«.

Hä? Ja, genau. Die Nazis sind nämlich eigentlich die in der Regierung. Also die, gegen die man demonstriert, weil sie ja den ganzen Flüchtlingen »Zucker in den Arsch blasen«, wie Großmann sagt.

Am Tag nach der Demo rufe ich ihn wie vereinbart auf dem Handy an. Es ist Sonntagmittag, eigentlich will ich nur kurz ein paar Standardangaben überprüfen, sein Alter, Schreibweise seines Namens etc. Großmann ist gerade mit dem Auto auf dem Heimweg, er fährt rechts ran, und wiederholt fast wörtlich seine Rede vom Vortag. Nur ohne die Wut vom Vortag und plötzlich ohne Nazi-Jargon. Ich sage ihm, mein Artikel über die Demo wird ihm nicht gefallen. »Wieso?«, fragt er.

»Weil Sie zwar viele Themen angesprochen haben, die wichtig sind und über die zu wenig geredet wird, Altersarmut zum Beispiel oder die Auslandseinsätze der Bundeswehr, für die es ja tatsächlich nie eine Mehrheit in der deutschen Bevölkerung gab. Aber ich komme in meinem Artikel gar nicht dazu, über Ihre Themen zu sprechen, weil sie alles mit rechtsextremer Symbolik und Sprache überfrachten.«

»Wieso denn rechtsextrem? Ich rede einfach so, wie ich halt rede«, sagt er. »Und wenn da ein paar Leute im Publikum sind, die 'ne schwarz-weiß-rote Mütze haben – na, da kann ich doch nichts dafür. Die könnten genauso gut ,ne bunte Mütze aufhaben. Ist doch egal.« Hitler war ein Gestörter, da gebe es gar keine Frage, gegen den Ausländer, der hier sein Döner-Geschäft hat und Steuern zahlt, habe er überhaupt gar nichts, und gegen Gewalt sei er sowieso.

Ich sage ihm, dass er mich entweder anlügt oder unglaublich naiv ist. Und zwar zum Beispiel deshalb: Vor der kleinen Bühne, die Großmann mit seinem Mercedes, dessen Kennzeichen die »88« ziert, auf den Platz gefahren hat, schwenkte ein junger Mann zwei Stunden lang das Philippuskreuz, eine Fahne, die an die Flagge Norwegens erinnert und zum Beispiel von der rechtsextremistischen Partei Pro NRW, den Reichsbürgern um den Holocaust-Leugner Horst Mahler und der rechtsextremen German Defense League verwendet wurde. Das Logo der Bürgeroffensive ist in Frakturschrift gestaltet, ihre Flyer sind Schwarz-Weiß-Rot.

Oder weil er zum Beispiel sagte, Deutschland müsse »endlich wieder ein souveräner deutscher Staat werden, denn was hier gerade abläuft, ist der Beginn eines finalen Todesstoßes gegen die deutsche Nation«. Zusammen mit Bezeichnungen wie »volksfremde Politmarionetten« für Mitglieder des Stadtrates (einige) sowie der Bundesregierung (alle) und »junge, kriminelle Besamer« für Migranten ist der Eindruck, sich bei der Vokabelwahl bei Nazis bedient zu haben, einfach nicht zu vermeiden. Und der Name der Bürgeroffensive erinnert zudem stark an die rechtsextreme, 2000 aufgelöste Partei »Bund Freier Bürger – Offensive für Deutschland«

»Alles Zufall«, sagt Großmann. Das Telefongespräch dauert nun schon eine Stunde, ein intensiver Meinungsaustausch. Aber ich weiß immer noch nicht, ob er das ernst meint, oder ob er mich anlügt. »So«, sagt er, »hat mir das noch keiner gesagt. Mit denen ich sonst so rede, na die denken ja alle genau wie ich. Interessant.«

Nach der Demo luden mich die durchgefrorenen Grünen noch in ihr Bürgerbüro auf einen Glühwein ein. Das Bürgerbüro ist gleich um die Ecke und war früher mal ein

Ladengeschäft. Das macht die kleine Parteizentrale zu einem sehr transparenten Ort. Was an sich schön ist.

Aber als es dann an der Glastür klopft und uns ein paar grimmige junge Männer in dunklen Outfits und Handschuhen zuwinken, rutscht mir kurz das Herz in die Hose. Bis ich erkenne, dass es die Antifas von vorhin sind, denen ich von dem Glühweinangebot erzählt hatte. Sie sind auch gar nicht grimmig, nur durchgefroren und ein bisschen enttäuscht. »War bissl schwach heute, was als Gegendemo so aufgelaufen ist, oder?«, fragt einer von ihnen in die Runde. Wolfgang Wetzel, ein Suchtberater der Caritas, den die Grünen am Tag zuvor zu ihrem Bundestagskandidaten gewählt haben, sagt: »Wir haben das diesmal bewusst eher im privaten Rahmen gehalten, um die Veranstaltung nicht aufzuwerten.«

Am nächsten Tag steht dann mein Steckbrief auf der Facebook-Seite von Kara Ben Nemsi TV. Drei Fotos von mir, mein voller Name und ein Text, den man belustigend oder bedrohlich finden kann, in dem auf jeden Fall der versammelten Kara-Ben-Nemsi-Followerschaft – zu der zahlreiche vorbestrafte Rechtsextreme gehören – mitgeteilt wird, wie sehr man sich freut, dass ich wieder da bin.

Asylbewerber und Flüchtlinge machen im gesamten Landkreis Zwickau übrigens weniger als ein Prozent der Gesamtbevölkerung aus.

Christian Gesellmann

Der NSU lebt weiter

Acht Jahre nach der Selbstenttarnung der »Zwickauer Terrorzelle« ist die rechtsextreme Szene in meiner Heimatstadt und in Sachsen größer geworden – und besser organisiert als je zuvor.

Ich war zufällig in Zwickau, Anfang November 2011, ein paar Tage, nachdem die beiden Uwes sich in Eisenach in einem Wohnmobil erschossen hatten und Beate Zschäpe daraufhin die gemeinsame Wohnung in Brand steckte, die wohl eher aus Versehen explodierte. Eine Verpuffung ließ die Inneneinrichtung des Hauses, Fetzen von Teppichboden, angeschmolzene Waffen, Ziegelsteine, Klamotten, Rechner auf die Straße, die schöne Frühlingsstraße regnen. Der »Nationalsozialistische Untergrund«. Zehn Morde, drei Bombenanschläge, 15 Banküberfälle. Terroristen lebten in meiner Heimatstadt. Gleich gegenüber von meinem Lieblingsbäcker.

Ich fuhr an einem verregneten Sonntagabend auf dem Weg zu meinen Eltern einen kleinen Umweg, um mir das Haus, oder die Reste davon, anzuschauen, so, wie man sich die Schäden eines Erdbebens anschaut. Etwas Großes und

Schreckliches war in dieser Stadt passiert, die mir ein wenig fremd geworden war. Nach dem Abitur bin ich weggezogen. Nach Jena. Ich zog in das Plattenbaugebiet Winzerla. Dort, wo das spätere NSU-Trio in den 90er-Jahren »Zecken« jagte. Danach lebte ich in Chemnitz. Nicht weit von der ersten Wohnung, in der sich das nun bald »Nationalsozialistischer Untergrund« nennende Trio vor der Polizei versteckte.

In Zwickau war ich eine Weile lang praktisch Nachbar der rechtsextremen Terroristen gewesen, sie lebten in der Parallelstraße. Mein Hinterhof sah genauso aus wie der, in dem Beate Zschäpe die Wäsche aufhängte. Wir kauften an der gleichen Aral-Tankstelle Kippen. Wie seltsam. Das alles wusste ich noch nicht, als ich Anfang November 2011 in die Frühlingsstraße fuhr, um mir die Trümmer des letzten Unterschlupfs des NSU anzuschauen. Ein paar Polizisten bewachten die Ruine. Ein paar Tage vorher hatte jemand eine Kerze dort hinterlassen, berichteten Anwohner. Jemand gedachte der Täter und nahm das Risiko in Kauf, dabei gesehen zu werden – die Kerze, die ich nie gesehen hatte, machte auf mich einen größeren Eindruck als die Ruine vor meinen Augen.

Ich sah durch die mit Regentropfen gepunktete Windschutzscheibe auf die Trümmer, aus denen noch Rauch aufzusteigen schien, in dünnen Säulen. Nur die Äste einer beinah kahlköpfigen Kastanie griffen theatralisch in den Stein-und-potenzielle-Beweise-Haufen, wieder und wieder. Dort hatten die beiden Uwes vor Kurzem noch Kastanien gesammelt. Ihre eigene Überwachungskamera hatte sie dabei gefilmt, wie Chip und Chap hüpften sie über die Wiese.

Auch das wusste ich damals noch nicht. Aber eins war klar. Die Zwickauer Terrorzelle war in allen Medien. Die ersten Bücher über sie bereits beauftragt. Es gab weitere Festnahmen. Diese Stadt würde nie wieder dieselbe sein, dachte ich damals. Nichts würde mehr so sein wie vorher. Viele Mitwisser und Mittäter sind noch immer unter uns.

Das ist natürlich ein dummer Spruch. Nie ist irgendetwas wie vorher. Wir leben ja permanent im Danach. Und acht Jahre, nachdem sich die »Zwickauer Terrorzelle« selbst enttarnt hat, leben wir im Danach-Danach. So fühlt sich das an für mich, wenn ich heute in Zwickau bin. Die Beweise sind geborgen. Die Trümmer sind weg. Aber die Verbrechen sind noch immer nicht aufgeklärt. Viele Mitwisser und Mittäter noch immer unter uns. Noch immer erinnert nichts an die Opfer. Und, darum geht es in diesem Text, die rechtsextreme Szene in Zwickau und Sachsen ist acht Jahre später größer geworden.

Im Jahr 2011 schätzte das Landesamt für Verfassungsschutz, dass etwa 2.600 Rechtsextreme in Sachsen leben. Die jüngste Schätzung des Amtes geht von 2.800 Rechtsextremen aus.[21] Das sind 200 mehr als zum Zeitpunkt der Enttarnung des NSU. Aber die Zahlen allein sagen nicht viel aus. Sind das viele oder wenige? Manches Viertligaspiel hat mehr Zuschauer.

Die Szene ist aber nicht nur größer geworden, sondern auch besser organisiert und gesellschaftlich dominan-

21 Siehe: https://www.verfassungsschutz.sachsen.de/1939.htm

ter. Das lässt sich vielleicht am besten am Beispiel André Eminger erzählen. Der 38 Jahre alte arbeitslose Maurer gilt als der engste Unterstützer des NSU. Nachdem Beate Zschäpe das Haus in der Frühlingsstraße in Brand gesteckt hatte, rief sie zuerst ihn an.

Bereits 1998 lernte er das Trio kennen, mietete ihnen eine Wohnung in Chemnitz und später in Zwickau. Er mietete auch Wohnmobile für sie an, mit denen sie zu Banküberfällen fuhren und zu einem Bombenattentat nach Köln, er besorgt ihnen Bahncards und Ausweise, seine Ehefrau ist die beste Freundin von Zschäpe, sie gingen zusammen aus und shoppen und die Kinder waren auch oft dabei.

Gleichzeitig war Eminger spätestens 1999 das erste Mal auf dem Schirm der deutschen Nachrichtendienste, wie auch später immer wieder, unter anderem, weil er die Weiße Bruderschaft Erzgebirge gründete, eine Gruppe von militanten Rassisten. André Eminger wird Beihilfe zum versuchten Mord, zur gefährlichen Körperverletzung, zum Raub und zum Herbeiführen einer schweren Sprengstoffexplosion vorgeworfen sowie Unterstützung einer terroristischen Vereinigung.[22]

Über fünf Jahre lang war er deshalb vor dem Oberlandesgericht in München angeklagt, gemeinsam mit Beate Zschäpe. In dieser Zeit war er praktisch hauptberuflich Neonazi. Er bekam Arbeitslosengeld und nutzt die Zeit

22 Konrad Litschko hat für die taz ein beeindruckendes Porträt über André Emingers Werdegang geschrieben: https://taz.de/Andre-Eminger-im-NSU-Prozess/!5432565/.

zum Netzwerken sowie die Aufmerksamkeit, die er durch den Prozess bekommt, für Symbolpolitik.

Im November 2011 dachte ich, es würde schwerer werden für die Neonazis in Zwickau. Und wahrscheinlich dachten die erstmal das gleiche. Die NPD verschwand vollends von der Bildfläche. Die Freien Nationalisten zogen sich teilweise bis nach Bayern zurück. »Die Szene hält die Füße still«, erklärte mir damals ein Mitarbeiter des Staatsschutzes.

Heute sieht es ganz anders aus. Im September 2017 marschierten rund 100 Teilnehmer bei einer Demonstration der Neonazi-Partei III. Weg durch das Plattenbaugebiet Zwickau-Neuplanitz. Die »Platten« hier sind ein bisschen älter als die in Jena-Winzerla. Ansonsten sieht fast alles gleich aus. Sie skandierten »Unsere Heimat, unser Land, Nationaler Widerstand« und »Asylflut stoppen«.

Ein einziger Gegendemonstrant stand am Straßenrand. Das war Martin Böttger. Er ist Rentner, Bürgerrechtler schon seit DDR-Zeiten, und bei jeder Aktion gegen Nazis dabei. »So etwas Martialisches habe ich noch nicht gesehen«, sagt er. Die Demonstranten trugen teilweise einheitliche dunkelgrüne Kleidung, marschierten im Gleichschritt zum Marsch der Trommeln. Mittendrin: André Eminger.

Der III. Weg hat sich im September 2013 gegründet und ist Sammelbecken einer relativ kleinen, aber sehr aktiven Gruppe von radikalen völkischen Nationalisten. Ihre Mitglieder verstehen sich als »bewusste neonazistische

Elite, die nicht auf Wachstum aus ist«, beschreibt der Verfassungsschutz Brandenburg, der die Mehrheit der Mitglieder zudem als »höchst gewaltbereit« einstuft. André Emingers Zwillingsbruder ist Führungskader der Neonazi-Partei in Brandenburg.

André Eminger hat sich auch mehrfach mit Karl-Heinz Statzberger, einem der führenden Köpfe des III. Weges in München getroffen, am Rande des NSU-Prozesses und bei einer Demo des Münchner Pegida-Ablegers. Statzberger ist ein verurteilter Rechtsterrorist, er saß vier Jahre im Gefängnis, weil er einen Bombenanschlag auf die Synagoge in München geplant hatte.

Es könnte natürlich sein, dass er Statzberger nur getroffen hat, um unter Kameraden ein paar Tipps auszutauschen, wie man die Zeit im Gefängnis am besten rumkriegt. Eminger engagiert sich, wie sein Zwillingsbruder Maik und wie auch die beiden Uwes früher, in der rechtsextremen »Gefangenenhilfe«, eine Art Seelsorge für inhaftierte Neonazis, die nicht vom Glauben abfallen sollen.

Für die Gefangenenhilfe hat Eminger öffentlichkeitswirksam Werbung gemacht, beim NSU-Prozess in München grinste er in die Kamera, während er ein Hemd mit der Aufschrift »Brüder schweigen – bis in den Tod« trug. Auch bei einem der größten Rechtsrockkonzerte der vergangenen Jahrzehnte, im Juli 2017 im thüringischen Themar, trug er ein Shirt der »Gefangenenhilfe.« Während der Veranstaltung wurden auch Spenden gesammelt für die Angeklagten im NSU-Prozess.

Das alles ist nicht illegal. Das alles ist aber auch kein Zufall. Es hat Methode. Am deutlichsten wird das vielleicht dadurch, dass Eminger neben dem NSU-Prozess noch ein weiteres Strafverfahren gegen sich laufen hat und regelrecht darum bettelte, auch in Zwickau vor Gericht zu stehen.

Vergangenes Jahr verprügelte Eminger an einem hübschen Maiabend hinter einem Parkhaus in Zwickau einen 18-Jährigen und drohte, ihn umzubringen. Der junge Mann hatte Emingers damals 14 Jahre alten Sohn geschubst. Ein Streit unter Teenagern. Papa rückte an, lockte den 18-Jährigen unter einem Vorwand hinters Parkhaus und drosch dann solange auf ihn ein, bis sein Sohn ihn bat, »es gut sein zu lassen«. Das Interessante daran ist, dass nie jemand davon erfahren hätte, wenn Eminger es nicht gewollt hätte.

Er bekam einen Strafbefehl. Per Post. Hätte rund 400 Euro überweisen müssen, und die Presse hätte nie etwas erfahren. Aber Eminger zahlte nicht. Deshalb kommt es ein Jahr später zur öffentlichen Gerichtsverhandlung vor dem Amtsgericht Zwickau. Da ist dann natürlich mehr Presse da, als der Saal Stühle hat (waren aber auch nur zwölf Stühle). Und André Eminger kommt zu seinem Prozess 40 Minuten zu früh. Er stellt sicher, dass auch wirklich jeder Journalist sein Bild bekommt: Eminger, grinsend, bei Spiegel Online et al.

Beim Prozess selbst sagt er dann keinen Ton. Er hat keinen Anwalt dabei, bestreitet die Vorwürfe nicht. Am Ende bekommt er eine Geldstrafe, etwa 200 Euro mehr als ursprünglich im Strafbefehl. Was zu erwarten war. Was es Eminger offenbar wert war.

Was der Arbeitslose mit drei Kindern offenbar finanziell mühelos verschmerzen kann. Gegen das Urteil legt er Berufung ein. Als im NSU-Prozess im Juli 2018 das Urteil gegen André Eminger gesprochen wird, musste das Gericht eines strafmildernd berücksichtigen: Dieser Mann, der seit 20 Jahren einer der radikalsten Rassisten im Land ist, ist noch nie rechtskräftig verurteilt worden. Er ist nicht vorbestraft. Weiße Weste.

Das alles erinnert mich an einen anderen Prozess gegen Rechtsextreme[23], der wenig später an gleicher Stelle startete. Angeklagt waren drei Männer, die seit gut zwei Jahren Lokalpolitiker und andere zivilgesellschaftlich engagierte Menschen der Stadt Zwickau terrorisieren, indem sie sie mit Kameras verfolgen, demütigen, verleumden, bedrohen und die Aufnahmen per Facebook und Youtube verbreiteten.

Nicht mal die Oberbürgermeisterin kann sich davor schützen. Im Moment läuft ein Prozess, weil die selbsternannten Journalisten ihre Enkelin filmten. Genau wie die Bürgermeister umliegender Städte musste die OB erfahren, was Linke schon lange wissen: Die Polizei hilft nicht. Die Chefs in den Rathäusern konnten noch nicht mal ihr Hausrecht durchsetzen.

23 Siehe die Reportage »Rechter gegen Richter«: https://krautreporter.de/2017-rechter-gegen-richter

Die Männer sind bis heute aktiv, sie gehören zu einem Netzwerk, das sich Kara Ben Nemsi TV nennt. Sie freuten sich über ihren Prozess, genauso wie kurz zuvor Eminger. Sie machten sogar Werbung damit bei Facebook:

Der von Funk und Fernsehen mit viel Interesse verfolgte Prozess gegen drei alternative Medienmacher, die behauptet haben sollen, Frau Genossin Pia Findeiß (»Oberbürgermeisterin in Zwickau«) beherberge IS-Terroristen in ihrem Hause (wir berichteten) geht morgen in die zweite Runde. Mit Sicherheit werden auch morgen wieder hochinteressante Zeugendarsteller für ein buntes Unterhaltungsprogramm und tiefe Einblicke in die trübe Suppe hiesiger Kommunalpolitik bieten. An dieser Stelle auch ein Gruß an alle interessierten Zeitgenossen, die sich bereits Teil 1 der großen Show am vergangenen Mittwoch nicht nehmen ließen.
Wir wünschen auch diesmal viel Vergnügen!
Ort: Amtsgericht Zwickau, Sitzungssaal 2 (EG)
Zeit: 12.7.2017, 9.00 Uhr
Eintritt: frei

Auch das könnte Zufall sein. Auch das muss nicht direkt mit dem NSU zu tun haben. Aber es ist unwahrscheinlich. Einer der drei Angeklagten arbeitete in den 90er-Jahren in dem Zwickauer Neonazi-Laden, in dem auch Beate Zschäpe gejobbt haben soll. Und er kennt André Eminger selbst immerhin so gut, dass der dessen Handynummer gespeichert hat.

Ein weiterer Angeklagter marschierte mit André Eminger und dem III. Weg im September durch Zwickau-Neuplanitz, wie auch mindestens zwei weitere Unterstützer von Kara Ben Nemsi TV aus der Reichsbürgerszene, die außerdem wie Eminger beim Rechtsrockkonzert in Themar waren. Beim Prozess saßen sie im Publikum. Jeder kennt jeden hier. Gut für die Neonazis. Schlecht für die anderen. Zeugen zum Beispiel, die im Gerichtssaal eingeschüchtert wurden.

Und Eminger pflegt auch weiterhin Kontakte zu einem anderen prominenten Zwickauer Neonazi: zu Tony Gerber, der auch zu den führenden Köpfen der Identitären Bewegung Sachsens gehörte.[24]

Über fünf Jahre saß Eminger in München auf der Anklagebank. In dieser Zeit hat sich eine neue Neonazipartei gegründet, die auch in Zwickau aktiv ist. Was früher »Freie Kräfte« waren, so eine Art freiberufliche Neonazis, die sich in klandestinen Kameradschaften organisierten und häufig untereinander verstritten waren, marschiert heute als bundesweit vernetzte Partei mit einheitlichem Merchandise und Aktionstagen und Suppenküchen durch die Wohngebiete. Hinter der Parteigründung scheint vor allem ein Gedanke zu stecken: Wie die NPD-Prozesse gezeigt haben, ist eine Partei viel schwerer zu verbieten als eine Kameradschaft. Flohen vor sechs Jahren die Neonazis

24 »Als Identitäre Bewegung (auch Identitäre Generation, kurz Identitäre) bezeichnen sich mehrere aktionistische, völkisch orientierte Gruppierungen, die ethnopluralistisch-kulturrassistische Konzepte vertreten. Sie gehen von einer geschlossenen »europäischen Kultur« aus, deren »Identität« vor allem von einer »Islamisierung« bedroht sei. Politikwissenschaftler ordnen die Gruppe durchgängig als eine Spielart des Rechtsextremismus ein.« (Wikipedia)

noch nach Bayern, geht die Wanderung heute in die andere Richtung: Spitzenkader des III. Wegs in Sachsen ist Tony Gentsch, ein Neonazi aus Bayern.

Während André Eminger in München angeklagt ist, hat sich mit der Identitären Bewegung zudem eine neue Hipster-Neonazi-Gruppe etabliert, die sich medial perfekt inszeniert und ebenfalls europäisch vernetzt ist. Die Reichsbürgerszene ist größer geworden. Mit der AfD hat sich eine rechtspopulistische Partei in den Stadträten und Landtagen und nun auch im Bundestag etabliert, die munter im Austausch steht mit Rechtsextremen. Seit der Flüchtlingskrise haben sich zudem »asylkritische« Bewegungen wie Pegida überall in Deutschland gegründet, die von Rechtsextremen unterwandert sind, und dank der sozialen Medien sind sie so kampagnenfähig wie nie zuvor.

Ab dem 13. September 2017 bis zum Urteil ein Jahr später saß André Eminger in Untersuchungshaft. Ich kann mir nicht vorstellen, dass er damit nicht gerechnet hat. Aber das spielt auch keine Rolle. Er hat seine Zeit bis dahin gut genutzt. Er hat sich selbst als Märtyrer inszeniert. Er ist der Typ, der sich »Die Jew Die« (Stirb, Jude, stirb) quer über den Bauch tätowiert hat, im bedeutendsten Prozess der Bundesrepublik angeklagt ist, sich trotzdem offen mit Antisemiten trifft und Teenager mitten in der Stadt verprügelt. Er macht der rechtsextremen Szene zwei Dinge klar: Dieser Staat kann uns gar nichts. Und unser Kampf geht weiter. Da das Ganze auf offener Bühne geschah und geschieht, ist der Adressat dieser beiden Botschaften aber nicht nur die rechtsextreme Szene. Sie kommt auch bei all denen an, die sich gegen Rassismus und Faschismus engagieren.

Eine Vereinigung von Nebenklagevertretern des NSU-Prozesses und Opfern der Hinterbliebenen beschreibt die Atmosphäre in Zwickau so:

In Zwickau mordete der NSU nicht, hier war er zu Hause. Zwischen seinen Nachbarinnen bewegten sich das NSU-Kerntrio und dessen enge Freundinnen und Unterstützerinnen wie der sprichwörtliche Fisch im Wasser. Die Stadt steht wie kaum ein anderer Ort in Deutschland für die fortdauernde Existenz nationalsozialistischer Lebenswelten und damit als Gegenentwurf zu der »Gesellschaft der Vielen«, die der NSU wegmorden und -bomben wollte. Die sächsische Stadt war und ist für die Naziszene eine umfassende Erlebniswelt alltäglicher Hegemonie, die von Demonstrationen, Veranstaltungen und Nazikonzerten über rechte Kampfsportevents und Bekleidungsgeschäfte bis zum lokalen Fußballverein reicht. Hier zeigten die Mitglieder des Kerntrios bedenkenlos ihre Gesinnung. Ihr vermeintliches Leben im Untergrund entpuppt sich bei genauerem Hinsehen als gut integrierter Alltag in die Nachbarschaft.

Durch die Flüchtlingskrise hat der Rassismus der Neonazis eine gesellschaftliche Dimension und Aufgabe erhalten. Sie haben den Schulterschluss mit Partei und Massendemonstrationen geschafft.

Das zeigt sich unter anderem darin, dass Tony Gerber, der Freund von André Eminger und damals Aktivist der

Identitären Bewegung, 2015 von der Zwickauer Oberbürgermeisterin im Rathaus empfangen wurde, gemeinsam mit dem Reichsbürger Lars H. Es sollte ein Dialog mit »besorgten Bürgern« sein, die gegen die Unterbringung von Asylbewerbern in der Stadt demonstrierten. Die Lokalzeitung verewigte das Treffen mit Foto auf der Titelseite. Gerber ist ebenfalls seit den 90er-Jahren als Neonazi bekannt, ist Kampfsportler, Türsteher und kandidierte bei Stadtratswahlen für die NPD. Ein Wissen, das die Rathausspitze und die Lokalpresse mitten im Pegida-Wahn fahrlässig ignorierte.

Bis heute, sagte Zwickaus OB Pia Findeiß 2017 im Untersuchungsausschuss des Sächsischen Landtages, habe sie keinen Kontakt zum Landesamt für Verfassungsschutz. Auch von Gerber wisse sie weiter nichts. Zwickau habe »Probleme mit rechtsradikalen Erscheinungen wie jede andere Stadt in Sachsen, Ostdeutschland, Deutschland« gehabt und habe diese immer noch. »Das nehmen wir ernst«, so Findeiß, aber hier hätten »alle noch viel zu tun«.

Es zeigt sich auch darin, dass die Zwickauer AfD mit Benjamin Przybylla nicht nur einen rechtsextremen Direktkandidaten für die Bundestagswahl aufgestellt hat, der ein aktives Mitglied von Kara Ben Nemsi TV ist, sondern mit Alexander Schwarz und Paul Morgenstern prominente ehemalige Neonazi-Musiker aus der rassistischen Blood&Honour-Szene als Mitglieder aufgenommen hat.

Ihre Bands hießen »White Resistance« und »Blitzkrieg« und spielten eine wichtige Rolle bei der Finanzierung der Szene sowie für die Rekrutierung von Mitgliedern. Schwarz ist bis zu seinem Rücktritt 2017 sogar Mitglied im Kreisvorstand der AfD Zwickau gewesen.

Es zeigt sich auch darin, dass Ralf »Manole« Marschner, eine zentrale Figur der Neonaziszene in Zwickau, der für den Bundesverfassungsschutz zehn Jahre lang als V-Mann aktiv war und in dieser Zeit sowohl Beate Zschäpe in seinem Klamottenladen als auch die beiden Uwes in seiner Baufirma beschäftigt haben soll, nach wie vor nicht vor Gericht oder in einem der Untersuchungsausschüsse aussagen muss. Marschner lebt weiter in der Schweiz, das Land Sachsen hat es noch nicht mal für nötig gehalten, einen Haftbefehl gegen Marschner zu vollstrecken, obwohl die Schweiz signalisierte, ihn ausliefern zu wollen.

Es zeigt sich auch darin, dass die antifaschistische Szene Zwickaus deutlich kleiner geworden ist. Bis heute gibt es kein Alternatives Jugendzentrum in Zwickau. Die Stadt weigert sich, ein Gebäude dafür bereitzustellen, auch aus Angst vor Angriffen durch Neonazis. Nun trifft sich der Teil der Szene, der noch nicht nach Leipzig oder Berlin abgewandert ist, in einem Gewerbegebiet abseits des Stadtzentrums. Es sind die Linken, die sich verstecken müssen, und ich meine damit noch nicht mal Punks

Es zeigt sich auch darin, dass CDU-Politiker bis heute Initiativen blockieren, die politische Bildung betreiben oder über die Taten des NSU und das aktive Wirken ihrer Unterstützer in Sachsen berichten wollen. Der Zwickauer CDU-Landtagsabgeordnete Gerald Otto zum Beispiel hat

Fördermittelanträge solcher Initiativen nicht nur im Stadtrat abgelehnt, weil sie schlecht für den Ruf der Stadt wären.

Er selbst behindert auch aktiv die so wichtige Aufklärungsarbeit: Bis zu dessen Ende im Juni 2019 war er Mitglied des NSU-Untersuchungsausschusses im sächsischen Landtag. Öffentlich hat er aber bisher noch kein einziges Mal über diese Arbeit berichtet. Anfragen, an Podiumsdiskussionen dazu teilzunehmen, lehnte er ab. Bis heute behauptet Gerald Otto, Zwickau habe kein Problem mit Neonazis. Und so hässlich das ist, in gewisser Weise hat er damit offenbar leider recht.

Angela Merkel hat den Opfern des NSU versprochen, dass die Taten und ihre Hintergründe restlos aufgeklärt werden. Aber nichts ist bis heute in dieser Richtung passiert. Politische Konsequenzen sind ausgeblieben. Auf das strukturelle Versagen von Polizei und Geheimdiensten wurde nicht reagiert, obwohl es von mehreren parlamentarischen Untersuchungsausschüssen festgestellt wurde. Zwickau bekam 2014 einen neuen Polizei-Chef, von dem ein sächsischer CDU-Bundestagsabgeordneter mir vertraulich sagte: »Der hat auf mich den Eindruck gemacht, als könnte er selbst bei Pegida mitlaufen.«

In André Emingers Wohnung in Zwickau steht eine Kohlezeichnung, die die beiden toten Uwes zeigt. Darüber steht in Sütterlin: »Unvergessen.« Dass er nicht nur Freund, sondern auch Unterstützer des NSU war, daran kann niemand ernsthaft zweifeln. Beweise, dass er von den Mordtaten wusste, ergaben sich im Prozess allerdings nicht. Eminger kam mit zweieinhalb Jahren Haft davon.

Fährt man heute durch die Frühlingsstraße in Zwickau, deutet nichts mehr daraufhin, dass der NSU hier gelebt hat. Wo das Haus der Terroristen stand, ist nun ein Park. Es ist buchstäblich Gras über die Sache gewachsen. »Ist es wirklich so schlimm?«, hat mich 2017 eine Studentin gefragt. Ich hatte an der Humboldt-Uni in Berlin darüber berichtet, wie sich die rechtsextreme Szene zwischen 2011 und 2017 in Sachsen verändert hat.

Immer, wenn mich das jemand fragt, mit großen Augen, manchmal auch ein bisschen ungläubig, wächst in mir das Bedürfnis, etwas Beruhigendes zu antworten. Zu sagen, na komm, soooo schlimm ist es nicht. Aber es ist so schlimm. Und ich beneide jeden darum, der sich diese Frage erlauben kann.

Christian Gesellmann

Teil 3: Immer wieder Chemnitz

Als Flüchtling in Chemnitz: »Manche zeigen mir den Mittelfinger, während der Bus wegfährt«

Montagabend in Chemnitz, der braune Mob tobt. Migranten wird geraten, die Innenstadt zu meiden. Ausnahmezustand? Nicht ganz. Mohammed L. kam 2015 von Damaskus nach Chemnitz. Er hat mir erzählt, dass er die Bedrohung, über die im Sommer 2018 ganz Deutschland spricht, jeden einzelnen Tag spürt.

An einem Sonntagmorgen wird in Chemnitz ein 35-jähriger Mann höchstwahrscheinlich von Flüchtlingen umgebracht. Am Nachmittag streift eine aufgebrachte Menschenmasse durch die Stadt, darunter viele gewaltbereite Rechtsextreme. Sie gehen Polizisten an und machen Jagd auf Menschen, die Migranten sein könnten. Für Montagabend melden rechte Gruppen eine große Demo an.

Zu der als Trauerfeier gekennzeichneten Kundgebung kommen schließlich 6.000 Rechtsextreme, viele von ihnen reisen extra an. Die Situation ist so bedrohlich für

Migranten, dass sogar die sächsische Opferberatungsstelle auf Facebook warnt: »Auch wenn uns schwer fällt, diesen Gedanken auszusprechen, empfehlen wir gerade Migrant_innen, die Innenstadt ab Nachmittag großflächig zu meiden.«

Alle deutschen Medien entsenden Reporter nach Chemnitz. Ein Tag, an dem die rassistische Gewalt hier wie entfesselt scheint. Aber wie ist es sonst? Fühlen sich Migranten sonst wohl in dieser Stadt?

Eine Dreiviertelstunde nördlich vom Karl-Marx-Nischel, wo sich am frühen Montagabend die Rechtsextremen sammeln, sitzt Mohammed L. in seiner Wohnung. Er wohnt da schon seit drei Jahren in Chemnitz. Der 23-Jährige trägt einen dichten, langen Bart, um älter zu wirken. Das kantige Gesicht weist Narben auf, es sind Schussverletzungen.

Er wäre gerne draußen, aber seine Freundin Maria, die in der örtlichen Flüchtlingshilfe arbeitet, erlaubt es ihm nicht. Zu groß ist die Angst. Während draußen der braune Mob tobt, berichtet Mohammed bei Tee und Salat von seinem Leben. Wenn er beschreibt, wie er sich gegen Rassismus wehrt, liegt ein Funkeln in seinen Augen. Als er von seiner Flucht spricht, hält er kein einziges Mal inne. Weil sie sich vor den Reaktionen fürchten, wollen die beiden nicht, dass ihre echten Namen in diesem Text auftauchen. Mohammed rührt im Tee herum, dann beginnt er zu erzählen.

»Kürzlich war ich meinen Führerschein beantragen. Im dritten Stock ist das Ausländeramt, im zweiten die Fahrerlaubnisbehörde. Beim Rausgehen treffe ich eine Frau, die mir sagt: ›Ihr habt hier nix zu suchen.‹ Ich denke, sie meint die andere Etage, und sage: ›Alles gut, ich hab nur meinen Führerschein beantragt, ich bin hier genau richtig.‹ Sie sagt: ›Nein, ihr habt in Deutschland nichts zu suchen.‹ Eine ganz normale Frau.

Sie sagte noch, sie würde mit ihren Steuern mein Hartz IV bezahlen. Da habe ich sofort meine Chipkarte von der Arbeit rausgeholt. ›Siemens‹ steht da in großen Buchstaben drauf. Ich habe gesagt: ›Keine Sorge, wenn du mal arbeitslos wirst, arbeite ich für dein Hartz IV.‹

Noch nirgends auf der Welt kam ich mir so fremd vor wie in Chemnitz. Meine Flucht ging über Jordanien, die Türkei, Algerien, Libanon, Marokko, Spanien und endete in Frankfurt am Main. Erst in Chemnitz realisierte ich: Ich bin ja Ausländer.

Ich bin weit gereist. Trotzdem hätte ich am Anfang meiner Flucht nie geahnt, dass ich mich je so fremd fühlen könnte. 2011 begann es in Syrien schwierig zu werden. Ich lebte damals in Damaskus und arbeitete auf dem Bau. Gemeinsam mit meinem Vater habe ich ein Haus ausgebaut. Ich hatte ein gutes Leben, ich verdiente gut. Mittlerweile fehlt dem Haus oben links eine Ecke, eine Rakete von Assad. Und mein Vater lebt in Saudi-Arabien.

Eines Tages hörte ich, dass in einer Stadt südwestlich von Damaskus ein paar Jugendliche von der Polizei verhaftet wurden. Sie hatten Graffitis an die Wand gemalt, mit einer klaren Botschaft: gegen den Präsidenten, gegen Assad. In der Haft wurden die Kinder gefoltert, erzählte man uns. Also gingen wir auf die Straße. Wir demonstrierten, um unsere Solidarität zu zeigen. Plötzlich eröffnete die Polizei das Feuer.

Ich hätte nie gedacht, dass die Polizei das tun würde. Sie schossen mit Schrot, viele Kugeln auf einmal. Meinen Freund trafen sie mitten ins Auge, seitdem sieht er auf dem einen nix mehr. Mich trafen sechs Kugeln, rund um mein Auge. Fünf davon zog mir abends meine Schwester bei gutem Licht mit einer Pinzette aus dem Fleisch. Die sechste entdeckte kürzlich mein Zahnarzt auf dem Röntgenbild, er fragte mich: ›Haben Sie da ein Piercing?‹

Polizei und Militär bekommen von Assad den Befehl, auf das eigene Volk zu schießen. Bekannte von mir aus Damaskus gingen zum Militär und wurden in andere Städte verlegt. Das wird gemacht, damit ihnen nicht zufällig Bekannte vors Gewehr laufen und sie Skrupel bekommen. Ich wollte auf keinen Fall auf Menschen schießen, auch nicht auf fremde. Ich verweigerte. Aber in Syrien geht das nicht so einfach.

Als mich das Militär eines Tages abholen und einziehen wollte, sprang ich in meinen Wagen und raste davon. Hinter mir eröffnete die Militärpolizei das Feuer, zum Glück trafen sie nicht. Und zum Glück befand ich mich in meinem Mitsubishi Evolution, ein ausgemusterter Rennwagen, getunt auf 300 PS und tiefschwarz. Mit ihrem Toyota hatten sie keine Chance, ich kam davon.

Ein anderes Mal fuhr ich in Damaskus mit dem alten Lieferwagen unserer Elektronikfirma auf einen Checkpoint des Militärs zu. Ich wusste, dass die Militärs uns nicht mochten. Sie verdächtigten uns, Bomben zu basteln, dabei produzierten wir nur Ladegeräte. Um ihnen zu entgehen bog ich ab – zu spät, sie hatten das Manöver mitbekommen. Plötzlich sah ich im Rückspiegel einen Militärpanzer auf mich zu rasen. Auf Ketten und viel zu breit für die Straße. Was für eine absurde Situation! Es ging eine Weile. Zum Glück schafft der Panzer nur 90 Kilometer pro Stunde, ich kam ein zweites Mal davon.

Von den Verfolgungsjagden träume ich noch heute. Der Panzer, die Schüsse kommen mir dann immer näher. Diesmal schaffe ich es nicht, denke ich, sie kriegen mich irgendwann. In dem Moment wache ich auf. 2015 fasste ich meinen Entschluss: Ich muss mein Land verlassen.

Meine Fluchtroute war nicht besonders schlimm. Mein Cousin kam auch mit, von Marokko nach Spanien konnten wir sogar einen Flug buchen. Auf der Reise lernten wir ein älteres, schon etwas schwächliches Ehepaar kennen. Sie waren auf dem Weg zu ihrem Sohn in Leipzig. Ihr Gepäck bestand aus elf Koffern. Sie hatten wirklich alles mitgenommen.

Weil wir an unserem Zielort Frankfurt am Main keinen Plan hatten, wohin, halfen wir dem Ehepaar, nach Leipzig zu kommen. Wir konnten uns nur den Bummelzug leisten und mussten bestimmt viermal umsteigen. Ohne uns hätten sie das nie geschafft, mit dem Gepäck.

In Leipzig trafen wir ihren Sohn, der uns von dem Camp (Anm. d. Redaktion: Erstaufnahme) in Chemnitz erzählte. Wir sagten: Warum nicht, und fuhren dort hin.

Es gibt eine Sache, die an Chemnitz schön ist: Es ist eine kleine Stadt. Das gefällt mir. Andererseits habe ich mich hier zum ersten Mal in meinem Leben fremd gefühlt. Dabei ging es gut los. Im Camp bekam ich ein Feldbett in einem großen Zelt. Wir spielten Karten, Schach, Kicker. Es gab geregelte Mahlzeiten. Und das beste: Es gab etwas zu tun. Ich übernahm gerne den Abwasch oder wischte die Tische ab. Meine erste deutschen Worte waren: Müllsack, Besen, Klebeband, Lappen, Schwamm.

Und ich lernte Maria kennen, eine der Helferinnen. Wir tauschten Nummern. Als ich dann nach Schneeberg verlegt wurde, sagte sie mir: ›Bald hole ich dich wieder nach Chemnitz.‹

Im Krieg lernt man viel über Menschen. Man wird überrascht, wie sie denken. Man wird enttäuscht. Viele denken wie kleine Kinder. Wenn auf Demonstranten geschossen wird, sagen manche: Hättet ihr mal nicht demonstriert. Plötzlich sind es nicht mehr Assads Raketen, sondern die Demonstranten sind schuld.

Ein bisschen so ist es jetzt in Chemnitz. Die Leute demonstrieren, weil ein Mensch ums Leben gekommen ist. Wahrscheinlich wurde er von Ausländern ermordet. Aber sind deshalb alle Ausländer schuld?

Schneeberg war schrecklich. Eine Kaserne, ein großer Block, sonst nichts. Keine Karten, kein Schach, kein Deutsch lernen, nichts zu tun. Eine Aufbewahrung. Man geht dorthin, um zu warten. Und die Helfer haben uns gehasst. Es waren Malteser, ich würde sagen jeder zweite von denen war ein Neonazi. Nein wirklich, ich weiß das, weil uns manchmal die Kollegen beiseite nahmen und sagten: ›Der und der Kollege, die haben eine andere Meinung. Damit müssen wir zurechtkommen.‹ Ich akzeptierte das.

Einmal, ich bin im Hof Skateboard gefahren, schubste mich einer der Aufpasser vom Brett, ich flog voll hin. Einfach so. Er hat sich nie bei mir entschuldigt. Auch nicht, als sein Chef ihn dazu aufforderte.

Ein anderes Mal wollte ich beim Essen Nachschlag, es gab Erbsen mit Kartoffelbrei. Die Frau schrie mich an: ›Nein, nur eine Portion.‹ Als ich wieder wegging, kippte sie das restliche Essen in den Mülleimer.

Da habe ich gemerkt, so kann es in Sachsen auch sein. Ich hatte schon Geschichten gehört, von den brennenden Flüchtlingsheimen. Bis dahin waren das für mich Geschichten. Jetzt wusste ich, dass es real war – der Hass. Um meine Laune aufzubessern besuchte ich Maria regelmäßig in Chemnitz. Um mir den Zug zu sparen, fuhr ich einmal zweieinhalb Stunden mit dem Fahrrad zu ihr. Ich war froh, als ich Mitte Februar wieder aus Schneeberg wegkonnte.

Maria organisierte mir eine Stelle bei der Chemnitzer Flüchtlingshilfe. Später jobbte ich als Maurer oder

Fliesenleger. Maria war immer an meiner Seite. Mein altes Leben war zerstört, ein neues hatte angefangen, und sie gab mir dafür Hoffnung. Ich weiß, sie ist 40 und ich bin 23. Aber immer, wenn ich sie sehe, ist es, als würde die Sonne scheinen. Im Juli 2016 bin ich zu ihr gezogen. Ich schöpfte wieder Hoffnung. Aber es kam anders.

Ich bin gerne Elektriker. Ich bastle gern. Zu Hause habe ich eine Trinkanlage mit Bewegungsmelder für unsere Katzen eingerichtet. Mittlerweile baue ich bei Siemens Schaltschränke, das sind Maschinen für die Autoindustrie, und ich verlege die Kabel. Das gefällt mir, weil es nicht viel anders ist als in Syrien: Es gibt einen Plan, den musst du bauen.

Nachmittags fahre ich mit dem Bus nach Hause. Dann fallen mir wieder die Blicke auf. Sie sind immer da, und ich werde mich nie daran gewöhnen. Manchmal ziehe ich Kopfhörer auf und versinke in meinem Handy. Im Winter ziehe ich meine Kapuze ins Gesicht. Wenn sich dann mal eine Frau neben mich setzt, dauert es nicht lange, und sie realisiert wer ich bin, und setzt sich wieder weg. Andere stellen den Rucksack auf ihren Nachbarplatz, wenn ich den Bus betrete. Manche zeigen mir, während der Bus wegfährt, den Mittelfinger.

Wenn Maria ihre Kinder aus dem Kindergarten abholt, ist alles gut. Wenn ich mitkomme, wird sie plötzlich nicht mehr gegrüßt. Das regt mich auf, wirklich. Es ist schwer, Leute zu grüßen, obwohl man weiß, dass die nicht zurückgrüßen. Immer, wenn ich die Tür zum Kindergarten aufmache, muss ich kurz innehalten und mir einreden: Das hat alles nichts zu bedeuten. Denn ich kann ja nichts dafür.

Auf der Arbeit gibt es eine Frau, die mich hasst. Sie ist heute auch bei der Neonazi-Demo dabei. Sie hasst Ausländer. Manchmal frage ich sie, warum. Dann sagt sie: ›Weil die nicht arbeiten.‹ Ich sage: ›Du kennst doch mich, ich arbeite.‹ Sie sagt: ›Du bist anders.‹ Als ich sie einmal fragte, wie viele Ausländer sie neben mir kennt, fiel ihr niemand ein.

In der Chemnitzer Innenstadt kommen manchmal Menschen zu mir und sagen: ›Was hast du hier zu suchen?‹ Ich kenne die nicht. Wenn ich gute Laune habe, lasse ich mich auf die Beleidigungen ein und sage was. Aber das kostet Kraft. Ehrlich gesagt glaube ich, dass ich mehr Verständnis erwecke, wenn ich einem Mülleimer oder der Wand meine Situation erkläre.

Ich habe schnell gelernt: Mit den Menschen hier gibt es nichts zu verhandeln. Es gibt keine Meinungen zu ändern. Man kann mich hier nicht leiden, so ist das. Aber ich lasse jedem seine Meinung.

Es hat mich noch nie jemand angefasst. Das würde ich auch nicht zulassen. Sie können alles sagen, dass ich blöd bin, dass ich eine Schlampe bin. Ich bin ein friedlicher Mensch. Aber sollte mich mal jemand körperlich angehen, dann werde ich zu Trump. Wenn mich jemand schlägt und ich haue ab, dann lernt der davon ja nichts. Dann fühlt der sich noch stärker und denkt, dass es so funktioniert.

Solche Gedanken musste ich mir bislang nur in Chemnitz machen. Im Sommer waren Maria und ich mit dem Auto im Urlaub. Ich fragte sie: Gibt es auch Städte in Deutschland, in denen nicht nach 18 Uhr alle zu Hause sind? Wir fuhren nach Frankfurt, nach Berlin oder auch nach Husum. Es war jedes Mal anders als in Chemnitz. Man beachtete mich kaum, wie angenehm! Ich musste erst in den Urlaub fahren, um wieder das Gefühl zu haben, nicht fremd zu sein.

Wenn es ginge, würde ich gern noch mal woanders wohnen. Ich meine, wenn sich eine Chance bietet. Auf keinen Fall, weil jemand sagt, dass ich abhauen soll. Dann gehe ich erst recht nicht. Ich bin keiner, der aufgibt. Wenn alle Guten weggehen, wer bleibt dann noch?

Angst habe ich keine. Für Maria waren die letzten Tage schlimmer, als für mich. Sie versucht, hier gute Stimmung zu verbreiten. Die Demo jetzt macht das Gegenteil. Ich wünsche den Menschen, die sich hier über das System und die Regierung beschweren, dass sie mal eine Runde durch die Welt drehen. Sie sollten sehen, dass es ihnen ziemlich gut geht.«

Josa Mania-Schlegel

Wie AfD und rechte Gruppen aus einem Streit unter Schülern eine virale Kampagne machten – eine Rekonstruktion

Haben zwei Schüler an einer Chemnitzer Grundschule ein Messer gezückt? Ich habe versucht herauszufinden, was passiert ist, nur weiß niemand etwas Genaueres. Aber weil zwei der Schüler Migrationshintergrund haben und damals, im Herbst 2018 Wahlen in Hessen und Bayern anstanden, benutzten AfD und andere rechte Gruppen den Fall der Grundschüler trotzdem. Hier zeige ich, wie so eine Kampagne funktioniert.

Glaubt man Andreas Lindner, dann geschah es auf dem Weg zum Hort. Spätestens halb drei hatte seine neunjährige Tochter Schulschluss. Dann schlenderte sie, wie immer, mit ihren Mitschülern an den Plattenbauten des Heckertgebiets im Chemnitzer Süden entlang. Es sind immer dieselben dabei: alle, deren Eltern nachmittags noch arbeiten. Auch die vier Jungs, zwei von ihnen Migranten. Wie immer kommt es zu kleinen Rangeleien. Dann zieht der eine sein Messer.

Nach dem Wochenende taucht die Geschichte der Grundschülerin aus Chemnitz in der Boulevardpresse auf. Sie erscheint auf rechten Online-Portalen. AfD und NPD verbreiteten sie tausendfach via Facebook weiter. Schließlich landet sie in zwei überhitzten Landtagswahlen in Bayern und Hessen. Aber ist sie überhaupt passiert?

Um herauszufinden, wo die Geschichte ihren Anfang nahm, wollte ich den Mann treffen, der sie zum ersten Mal hörte. Andreas Lindner, ein Chemnitzer Busfahrer, hatte die Geschichte von seiner Tochter erzählt bekommen. Danach rief er aufgewühlt bei einer Zeitung, der sächsischen Morgenpost an. »Sie erzählte, dass zwei Jungs mit Migrationshintergrund andere Jungs mit einem Messer bedroht hätten«, wird er dort zitiert. Für den Artikel ließ er sich noch gemeinsam mit seiner Tochter vor der Schule fotografieren. Doch heute will Lindner sich dazu nicht mehr äußern. Er sei »froh, dass wieder Ruhe ist«.

Also fragte ich Ronny Licht, den Reporter der Morgenpost, der Lindners Geschichte aufschrieb. »Eltern und Lehrer in Angst: Messer-Kontrollen in Chemnitzer Grundschule!«, titelte er am 12. September auf TAG24, dem Onlineportal der Morgenpost. Und klein darunter: »Wirbel nach vermeintlicher Attacke auf Weg zum Hort.« Aber auch Licht will sich nicht mehr zu seinem Artikel äußern.

Mir kommen erste Zweifel: Wie viel kann dran sein an einer Geschichte, über die niemand mehr sprechen will?

Ich rufe Roman Schulz an. Schulz, 58, trägt braunes Baumwollsakko und ist Pressesprecher des sächsischen Landesschulamtes. Er war der dritte Mann, der Lindners Geschichte hörte. Er ist es gewohnt, dass Journalisten ihn anrufen, wegen Lehrerverbeamtungen oder den guten sächsischen Abiturienten. Als ihn Anfang September der Reporter Ronny Licht anruft, geht es um etwas anderes. Es geht um Migrantenschüler mit Messern.

»Wir haben 1.350 Schulen in Sachsen, und diese Schulen betreuen einzelne Referenten«, sagt Schulz. »Normalerweise melden sich die Referenten, wenn etwas an einer Schule passiert.« Schulz wurde nichts gemeldet.

Aber Messer und Migranten, das war natürlich das Thema seiner Stadt. Keine zwei Wochen war es da her, dass hier zwei Flüchtlinge einen Mann mit einem Messer getötet haben sollen. Es kam zu Ausschreitungen, an denen sich auch gewaltbereite Rechtsextremisten beteiligten. Alle redeten im Sommer 2018 plötzlich von Chemnitz, die Stadt der Hitlergrüße und Hetzjagden. Sollte jetzt ein Vorfall mit Kindern den Protesten neuen Aufwind geben?

Die Chemnitzer Charles-Darwin-Grundschule ist ein schmucker verglaster Neubau im Süden der Stadt. Von seinem Büro aus bräuchte Roman Schulz mit dem Auto nur zehn Minuten dorthin. Aber weil es die sächsische Bürokratie so will, fährt Schulz nicht persönlich hin. Sondern er kontaktiert seine Referentin Michaela Bausch, die für sogenannte Migrationsklassen in Chemnitz da ist. Schüler mit Migrationshintergrund besuchen an vielen sächsischen Schulen eine spezielle Klasse, um gemeinsam Deutsch zu lernen. 54 Prozent der Schüler an der Charles-Darwin-Schule sind Migranten – die meisten davon Russlanddeutsche, die nach der Wende in die umliegenden Plattenbauten gezogen waren.

Auch Michaela Bausch hatte nichts von einem Messer gehört. Also rief sie die Schulleiterin Ulrike Friedrich an. Und auch sie wusste nichts. Außer, dass der kurze Weg zwischen Hort und Schule nicht unter die Aufsichtspflicht ihrer Schule fällt. Trotzdem nahm sich Friedrich, die hier seit 2010 Schulleiterin ist, nun der Sache an. »Ich konnte nicht sagen, das geht mich nichts an«, erklärt sie.

Anhand der Beschreibung des Vaters Andreas Lindner, der sich bis heute nicht persönlich bei Friedrich gemeldet hat, machte die Schulleiterin die vier Schüler aus, von denen sie wusste, dass es Raufbolde sind. Sie lud die betroffenen Eltern und den Präventionsbeauftragten der Polizei Chemnitz an einen Tisch. Und sie wies ihre Lehrer an, zwei Tage lang die Schulranzen der verdächtigen Schüler, der zwei Jungs mit Migrationshintergrund, zu kontrollieren.

Auf Facebook gingen um diese Zeit längst erste Gerüchte über den Fall an der Charles Darwin-Grundschule rum. Statt einer Bedrohung mit einem Messer, wie es der Vater Lindner geschildert hatte, war dort schon von einem »Messerangriff« die Rede. Da setzte Schulleiterin Friedrich einen Elternbrief auf. »Im Internet kursieren Behauptungen, dass an der Charles-Darwin-Grundschule Kinder mit einem Messer angegriffen worden seien«, schrieb sie. »Wir möchten klarstellen, dass dies eine Falschmeldung ist.« Die Geschichte von Andreas Lindners Tochter könnte hier zu Ende sein. Eltern, Lehrer und Behörden hatten sie nun beackert. Heraus kam nicht viel. Denn man fand keine Messer. Man fand aber auch keinen Gegenbeweis dafür, dass es ein Messer gegeben haben könnte. »Am Ende stand Aussage gegen Aussage«, sagt Friedrich. Sie ahnte nicht, dass die Geschichte noch lange nicht am Ende war.

Am Anfang der nächsten Woche lief die Kette der Informationen wieder zurück. Schulleiterin Friedrich informierte die Referentin Bausch über ihre Schritte. Bausch berichtete diese dem Landesschulsprecher Schulz. Und dieser telefonierte ein zweites Mal mit dem Boulevard-Journalisten Ronny Licht, der seinen Artikel schrieb. Und der einen Fehler machte: Er schrieb in seinem Artikel von »Angreifern«, und das, obwohl ein Angriff nie belegt wurde.

Auf TAG24 erscheint alle zehn Minuten ein Artikel, auch noch spät abends. Normalerweise haben die Artikel bis zu fünftausend Klicks. Die Geschichte von den Messerkontrollen an einer Chemnitzer Grundschule wurde bis November 2018 fast 50.000 Mal geklickt. Weil sie sich rasend schnell verbreitete.

Zwei Stunden nachdem der Artikel online war, erschien er auf der Facebookseite Pro Chemnitz. Die Bürgerbewegung hatte ihre gut 26.000 Abonnenten schon zu jenen Protesten aufgerufen, die schließlich zu den

Ausschreitungen von Chemnitz geführt hatten. Der Post über die Charles-Darwin-Grundschule wurde von der Pro-Chemnitz-Seite aus hundertfach geteilt. Er landete auch auf einigen Facebookseiten der AfD.

Die erzgebirgische AfD-Bundestagsabgeordnete Verena Hartmann etwa kommentierte: »Chemnitz kommt nicht zur Ruhe«, und verbreitete, dass »Migrantengewalt an einer Grundschule eskaliert und vertuscht« werde. Auch der Bundesverband der AfD teilte die Fehlmeldung mit seinen 435.000 Lesern: »Grundschüler (9) greift Mitschüler mit Messer an.« Den Post versah man mit Logos der Landtagswahlen in Bayern und Hessen.

Die Wahlwerbung der AfD wurde auf Facebook tausendfach geteilt, auch von AfD-Verbänden in Bayern und Hessen. Mit der Geschichte von der Chemnitzer Grundschule wurde nun in Süd- und Westdeutschland für die Partei geworben, wo die AfD innerhalb von drei Wochen bei zwei Landtagswahlen antreten sollte.

Und es erschien ein weiterer Artikel. Das Compact Magazin, ein rechtsgerichtetes Blatt, das oft als AfD-Sprachrohr fungiert, titelte: »Neunjähriger Migrant greift in Chemnitz Mitschüler mit Messer an.« Dazu stellte das Magazin die Abbildung eines blutverschmierten Messers. Der Chefredakteur des Compact-Magazins, Jürgen Elsässer, tritt regelmäßig bei AfD-Veranstaltungen auf. Und neben der NPD Sachsen teilten nun auch Seiten der AfD den Artikel des Portals.

Doch der Text ist voller Fehler, nicht einmal das Datum des fraglichen Tages stimmt. Die Mühe, beim Landesschulsprecher Roland Schulz anzurufen, machte sich der Autor auch nicht. Stattdessen bezeichnet er ihn als »Mitarbeiter des Merkelsystems«. Er argumentiert mit einem hohen Migrantenanteil an der Schule gegen die deutsche Asylpolitik, enthält seinen Lesern aber vor, dass viele Familien der Migrantenschüler schon seit Generationen in Chemnitz leben. Und er unterlässt es zu erwähnen, dass die engagierte Schulleiterin Ulrike Friedrich überzeugt ist, dass es gar keinen Angriff gab. Stattdessen schreibt er, dass »Mainstreammedien« den »Deckel draufhielten«.

Dass die AfD falsche Zahlen im Zusammenhang mit Migranten nennt, ist nicht neu. Zwei Beispiele von Ende 2018 schrieb der sächsische AfD-Abgeordnete Maximilian Krah, dass es in Chemnitz seit Januar 56 Vergewaltigungen von Ausländern gegeben habe. Als Quelle gab er die Polizei an, welche die Zahl kurz darauf dementierte. Auch die AfD-Vorsitzende Alice Weidel argumentierte 2017 im Bundestag, dass zwei Drittel aller Flüchtlinge keine Ausbildung hätten. Belegen konnte sie die Zahl nicht.

Im Chemnitzer Fall lieferte das Nachrichtenportal Compact womöglich gezielte Falschmeldungen, also: Fake News, als Futter für den AfD-Wahlkampf. »Wer es hochkochen will, kocht es hoch«, so Schulsprecher Schulz. Seine Behörde sei da weitgehend machtlos. »Jeder Dödel kann heute eine Agentur aufmachen und irgendwas schreiben«, sagt er.

Da half es auch nicht, dass sich das Recherche-Netzwerk correctiv! nun des Falles annahm. In der Rubrik »Fakten für die Demokratie«, wo Meldungen auf ihren Wahrheitsgehalt hin untersucht werden, erklärte es den Compact-Artikel für falsch. »Compact stellt die Ereignisse übertrieben dar«, schreibt correctiv. Auch die Chemnitzer Freie Presse veröffentlichte einen Artikel, und erläutert, dass laut Angaben von Schülern »zwei Kinder mit Migrationshintergrund« ein Messer »gezeigt« haben könnten. Gab es also gar keine Bedrohung? Gab es womöglich gar kein Messer?

Das weiß auch Schulleiterin Ulrike Friedrich nicht. »Ganz aufklären wird man es nie«, sagt sie. Einen Angriff, wie ihn die AfD schildert, habe es aber nie gegeben. Dafür spricht auch, dass es nie zu einer polizeilichen Anzeige kam.

In Chemnitz wurde nach dem Angriff auf Daniel H., für den ein Iraker und ein Afghane verdächtigt werden, monatelang weiter jeden Montag demonstriert. Unter anderem für mehr Sicherheit in der Stadt. Und offenbar genügen Geschichten, wie die einer Chemnitzer Grundschülerin, um weiter Angst zu schüren. 75 Prozent der Chemnitzer fühlten sich 2018 nachts nicht sicher.

Und das, obwohl Kriminalitätsraten gleichzeitig sanken. Laut Freier Presse gehört Chemnitz sogar zu den 15 sichersten Großstädten Deutschlands. Und, umgekehrt, haben sich die Straftaten gegen Flüchtlinge verdoppelt.

Schulsprecher Schulz ist ein Stück weit froh, dass er mit Fake News erstmal nichts mehr zu tun haben muss. »Es ist irre, was da an Hetze passiert ist«, sagt er. »Früher, als kleiner Junge, hatte man immer sein Taschenmesser mit dabei.«

Und eines ist ihm noch wichtig: »Wir haben hier an unserer Schule genauso viele Probleme wie jedes andere Land«, sagt er – »in migrantischen Klassen, genau wie in deutschen.«

Christian Gesellmann

Warum ein Chemnitzer Neonazi und Hooligan so verehrt wird

In den frühen 1990er-Jahren schlossen in vielen ostdeutschen Städten Hooligans einen stillen Deal mit der Politik: Lasst uns für die Sicherheit sorgen. Oder wir sorgen für noch mehr Unsicherheit. In Chemnitz zeigt die Szene, was es bedeuten kann, wenn der Deal platzt.

Ein Typ, den sie in Chemnitz den »Ungarn« nennen, baut sich auf dem schmalen Asphaltweg auf, der zu der Kirche St. Michaelis und dem Friedhof führt. »Haut ab jetzt hier, sonst wirds für euch richtig eklig«, brüllt er, »ihr Leichenfledderer.« Er trägt einen langen Bart und Sonnenbrille und bewegt sich wie ein Braunbär, der sich auf die Hinterbeine gestellt hat.

Die Journalisten, die dem Leichenwagen von der Bundesstraße auf das Friedhofsgelände gefolgt waren, trippeln nun rückwärts aus dem Radius der ungarischen Fäuste. »Schickt die hier weg, bitte!«, ruft er Richtung Polizei. Ein Polizist im schwarzen Einsatzoverall fasst sich ans Schlüsselbein und fragt in einen kleinen schwarzen Kasten hinein, ob man nicht zumindest die großen Kameras »etwas auf Distanz bringen« sollte.

Die Antwort kann ich nicht verstehen, darf aber mit den anderen zehn bis 15 Journalisten am Wegesrand zwischen mächtigen kahlen Ulmen und schmächtigen grünen Tannen stehen bleiben. Der graue Himmel hat sich gelichtet, hinter uns auf der sonnenbeschienenen Bundesstraße warten seit knapp einer Stunde rund 1.000 Menschen, fast alles Männer, fast alle in Schwarz, viele vermummt. Sie haben das Geschrei auch mitbekommen, ein Murmeln mischt sich unter das Verkehrsbrausen, dann verstummt es plötzlich. »Den Blick zur Straße!«, ruft jemand den Trauergästen zu, und die stehen sofort wieder stumm und stramm.

Heute würden sich alle benehmen, das war klar. Das war ganz offensichtlich die Ansage, sich von der besten Seite zeigen, ein gutes Bild abgeben, wenn einer der berühmtesten Hooligans Deutschlands zu Grabe getragen wird: der Chemnitzer Thomas Haller, der vor zehn Tage im Alter von 53 Jahren an Krebs verstarb.

Haller gilt vielen auch als Neonazi, die von ihm gegründete Gruppierung HooNaRa (für Hooligans, Nazis, Rassisten) prügelte 1999 einen jungen Punk zu Tode und zählte zum NSU-Unterstützerkreis. 2007 löste sie sich auf. Haller selbst soll bei den ausländerfeindlichen Ausschreitungen in Chemnitz im vergangenen August mit dabei gewesen sein. 950 Polizisten sind gekommen, um die Trauerfeier abzusichern, sie haben Wasserwerfer und einen kleinen Panzer mitgebracht.

In Zweier- und Dreierreihen ziehen die Trauergäste nun langsam auf dem schmalen Asphaltweg an uns vorbei Richtung Friedhof. Da sind die Hools vom 1. FC Magdeburg und vom BFC Dynamo Berlin, die gemeinsam einen großen Kranz tragen: »Die Gruppe geschlossen. Die Fäuste geballt. Wir haben geschworen Zusammenhalt.« Da sind auch die Hools von Lok Leipzig, von Dynamo Dresden und natürlich vom Chemnitzer FC. In den vergangenen zehn Tagen wurde in Fankurven in mehreren Ländern kondoliert: Cottbus, Zwickau, Prag, Braunschweig und Zürich.

Im Chemnitzer Stadion gab es vor dem Anpfiff des Regionalligaspiels gegen Altglienicke eine Schweigeminute und eine Choreografie mit Pyroshow. Rund 4.000 Zuschauer waren dabei. »Wir möchten seiner Familie und allen, die Tommy als Mensch schätzten, hiermit unser tiefstes Mitgefühl aussprechen«, sagte der Stadionsprecher. Hallers Bild auf der Videoleinwand, Musik aus dem Film Gladiator.

Deutschland blickte wieder fassungslos auf Chemnitz, und die mehr oder weniger offen gestellte Frage war: Wie kann diese Stadt zulassen, dass hier so öffentlich einem Mann wie der Hooligan-Ikone Haller gedacht wird? Wo es doch die Hools waren, die im Sommer 2018 bis zu 11.000 Menschen auf die Straße brachten, die tagelang an ausländerfeindlichen Protesten teilnahmen? Wie konnte der insolvente Chemnitzer FC, der größte Verein der Stadt, nur so dumm sein, einem mutmaßlichen Neonazi in der für 27 Millionen Euro neu errichteten städtischen Arena so die Ehre zu erweisen?

Vertreter aller großen Parteien in Chemnitz – außer der AfD – verurteilten das Gedenken. Die SPD-Landtagsabgeordnete Hanka Kliese[25] sagte: Der »CFC hätte niemals einen offiziellen Trauerakt für einen kriminellen Nazi abhalten und seine angeblichen Leistungen für die Stadt Chemnitz betonen dürfen. Der Vorfall hat mir bewiesen, dass die rechtsextremen Hooligans den Verein fest im Griff haben.«

Die ehrenamtliche Fanbeauftragte des CFC und SPD-Stadträtin Peggy Schellenberger sagte über Haller: »Wir waren immer fair, straight, unpolitisch und herzlich zueinander.« Sie musste zurücktreten, ebenso wie der Stadionsprecher und ein Mitarbeiter des Stadtsportbundes, der auf Facebook geschrieben hatte, Haller sei ein »guter Freund« gewesen und auf dessen »Jungs immer Verlass«.

Ich habe mich gefragt: Warum wird dieser Thomas Haller so verehrt, weit über die Grenzen von Chemnitz, weit über die Fußball- und die rechtsextreme Szene hinaus? Ich bin nur ein paar Kilometer von Chemnitz entfernt aufgewachsen, habe auch ein paar Jahre in der Stadt gelebt und bin Fußballfan, seit ich denken kann. Ich beobachte seit vielen Jahren die Ultra-Szene und habe für Krautreporter darüber geschrieben, wie sie ab Ende der 90er-Jahre die Dominanz der Rechtsextremen in den Fankurven brechen konnte.[26] Ich habe auch beschrieben, dass das gewalttätige Image der ostdeutschen Fußballfans heute längst zu

25 Siehe: https://www.vice.com/de/article/nex55k/hanka-kliese-ueber-den-chemnitzer-fc-und-die-trauer-um-neonazi-thomas-haller
26 Siehe: https://krautreporter.de/1930-krieg-dem-deutschen-fussball-bund

einer kontrollierten Provokation und nicht zuletzt auch zu einem guten Geschäftgeworden ist.[27]

Um Thomas Haller und die große Anteilnahme an seinem Tod zu verstehen, müssen wir aber etwas weiter zurück in die Geschichte gehen, und zwar in die Zeit direkt nach der Wende. Denn die Wahrheit ist: Damals machten sich Typen wie Haller bei den Behörden beliebt, weil sie für Sicherheit gesorgt haben, wo es der Staat nicht konnte. Die DDR gab es nicht mehr, und die neuen Institutionen waren noch nicht angekommen.

Die Hooligan-Bewegung war ab den 80er-Jahren zu einem Sammelbecken von Leuten geworden, denen es gar nicht so sehr um Fußball ging. In der antifaschistischen DDR war es ein Akt der Provokation, rechtsradikale Symboliken zu verwenden und sich zu Massenschlägereien zu verabreden. Und in diesem Überwachungsstaat gab es kaum einen sichereren Ort dafür als das Stadion. Die Staatspropaganda verharmloste rechte Gewalt als Rowdytum, selbst wenn die Hooligans in Innenstädten Jagd auf Gastarbeiter machten.

Nach der Wende fehlte der Polizei das Ansehen, das Personal und wohl auch die Motivation, um im großen Stil gegen die Hooligans vorzugehen, die immer mehr wurden, weil immer mehr junge Männer nicht wussten, wohin mit ihrer Kraft und ihrem Frust. Die Schlägereien

27 Siehe: https://krautreporter.de/1948-der-ossi-ist-wieder-da und https://krautreporter.de/2441-die-mercedes-nazis-von-ostritz

weiteten sich zu handfesten Randalen aus, mit Plünderungen, mit Schwerverletzten, mit Toten. In Magdeburg, Dresden, Berlin, Cottbus, Leipzig, Aue, Halle, Zwickau, Erfurt – es entstand eine neue Macht.

Sie nutzte ihre Stärke, um einen stillen Deal mit Politik, Vereinen und Behörden zu machen: »Ihr stellt uns als Security ein, und wir sorgen für Ruhe. Bezahlt uns dafür, dass wir vor der Tür stehen. Oder ihr bezahlt dafür, dass wir reinkommen.« Natürlich ist das in jeder Stadt etwas anders abgelaufen. Aber wahrscheinlich waren die Bande zwischen der rechtsextremen Szene, der Wirtschaft, dem Fußball und der Gesellschaft nirgendwo so eng wie in Chemnitz.

»Haller war der Mann der Stunde«, erklärt mir Lars Fassmann. Er ist Geschäftsführer eines Software-Unternehmens, Stadtrat in Chemnitz und Genossenschaftsmitglied bei Krautreporter. Er erzählt, wie Thomas Haller sich in Chemnitz eine schlagkräftige Hooligan-Truppe aufbaute und zum Platzhirsch wurde. »Dank ihm konnten Spiele mit einer gewissen Sicherheit vor Übergriffen fremder Hooligan-Gruppen stattfinden.«

Im Stadtteil Sonnenberg kaufte Fassmann denkmalgeschützte Häuser auf, die zu verfallen drohten, und überließ sie jungen Chemnitzern, um sich dort zu entfalten. Es entstanden Bars, Proberäume und Demokratieförder-vereine; der Chaos Computer Club ließ sich nieder, es gab Kunst- und Musikfestivals. Fassmann half, der Zivilgesellschaft in Chemnitz wieder Leben einzuhauchen. Mehrfach gab es Anschläge auf seine Häuser.

Ich verabrede mich mit Fassmann nach der Beerdigung auf eine Pizza. Er hat nur wenig Zeit, am Abend soll er im MDR über die Ereignisse der letzten Tage diskutieren. »Haller schaffte über Jahrzehnte eine recht bequeme Situation für Polizei und Ordnungsamt«, sagt er. »Sie waren gar nicht in der Lage, die Massen von Hooligans unter Kontrolle zu bringen. Während der Spiele vernetzte sich dann die Szene: Man musste sich ja irgendwie zum nächsten Event verabreden, und man pflegte einen kameradschaftlichen Kontakt.«

Der arbeitslose Fleischer Thomas Haller gründet in den 90ern eine Sicherheitsfirma, die im Stadion eingesetzt wird, bei Stadtfesten und beim Pressefest der Lokalzeitung. Mehrere Veranstalter aus Chemnitz erzählen mir, dass es bis heute praktisch unmöglich ist, Security zu buchen, die nicht zu Haller gehört. Selbst als Haller sich 2007 im Fußballmagazin Rund[28] als Gründer der später verbotenen Organisation HooNaRa (»Hooligans Nazis Rassisten«) outet und vom CFC gefeuert wird, bedeutet das keinen echten Bruch. Eine neue Firma wird angeheuert, die Mitarbeiter sind Hallers Leute.

Nach der Trauerzeremonie im Stadion kündigt der Chemnitzer Fußballclub seine Securitys erneut. »Keine Ahnung, wo die Stadt jetzt plötzlich jemand anders finden will«, sagt Fassmann und spricht etwas aus, was in diesen Tagen kaum jemand in Chemnitz laut sagen möchte:

28 Siehe: http://rund-magazin.de/uploads/images/das_magazin/pdfs/0207.pdf

Es wird auch in nächster Zukunft nicht so schnell ohne Hallers Leute gehen. Und erst recht nicht gegen sie.

Als Hallers HooNaRa 1999 einen Punk im Nachbarort Limbach-Oberfrohna mit einem Baseballschläger brutal zu Tode prügeln, steht er zunächst selbst unter Verdacht, doch Zeugen widerrufen später ihre Aussage, ihn gesehen zu haben. Auch in den Ermittlungen zum Terrortrio NSU taucht Hallers Name mehrmals auf. In Chemnitz stellte die rechte Szene den flüchtigen Uwe Mundlos, Uwe Böhnhardt und Beate Zschäpe die erste Wohnung zum Untertauchen.

Vermittelt wurde diese von Thomas Starke, Hallers Name findet sich in dessen Adressbuch. Hallers Name fand sich auch in den Handy-Speichern von weiteren NSU-Unterstützern, zum Beispiel bei Ralf »Manole« Marschner, der zehn Jahre V-Mann des Bundesamts für Verfassungsschutz war, dem NSU-Trio Jobs und Tatfahrzeuge beschafft haben soll und außerdem in der Hooliganszene des FSV Zwickau aktiv war. Marschner hat sich in die Schweiz abgesetzt, wurde zum Thema NSU nie gehört, fährt aber auch heute noch gelegentlich mal zu Auswärtsspielen des FSV.

Bis heute weisen Nebenklagevertreter und Familien der NSU-Opfer darauf hin, dass die Verflechtungen zwischen dem NSU und HooNaRa von den Ermittlern nicht ausreichend beachtet wurden. Zur Geschichte von Thomas Haller gehört aber auch, dass er zum Synonym für die lokale Fußballszene geworden ist, wie mir langjährige

Beobachter in Chemnitz erklären. Er brachte nicht nur eine Menge Rechtsextreme in Lohn und Brot sowie unter eine gewisse Kontrolle, er sponserte auch zahlreiche Amateur- und Nachwuchsfußballteams und betrieb die Fußballkneipe »Dritte Halbzeit«. Nicht zuletzt wird er in Nachrufen als jemand beschrieben, der seinen Job verstand und mit Politik nichts am Hut hatte. So schreibt zum Beispiel der Journalist Robert Dobschütz, Mitinhaber der unabhängigen Leipziger Internet Zeitung, über Haller, den er bei einem VW-Treffen in Bautzen kennenlernte:

»Haller war dort als Security-Chef genau das, was man einen fleißigen Deutschen und ›die richtige Besetzung‹ nennt. Sehr darauf bedacht, die gestellten Aufgaben gemeinsam mit den mitgebrachten Mitarbeitern möglichst genau umzusetzen. Manchmal überrascht, aber da schon älter geworden, eher froh, dass es auch friedliche Lösungen gibt. Aber immer dienstbeflissen, möglichst akkurat, manchmal fast schon unterwürfig. Niemals politisch, natürlich ordnete er sich auch einem türkischstämmigen Security-Gesamtleiter in der Nacht unter. Oder half dabei, Hooligans aus anderen Regionen des Landes bei auffälligem Gewaltverhalten in der Nacht zuvor am Morgen vor die Tür zu schaffen. Danach gabs eine Zigarette zum Runterkommen.«

Haller selbst sagte einmal, er habe die Bezeichnung HooNaRa nur gewählt, weil man damit am besten Angst und Schrecken verbreiten könnte: »HooNaRa ist keine Organisation, die in eine Burschenschaft oder Kameradschaft mündet. Die Seelenfänger von NPD oder DVU gibt es hier auch nicht. Ich weiß nicht, ob Einzelne zu Kameradschaftstreffen gehen, aber der geschlossene Mob geht nicht nach dem Spiel zur NPD.«[29]

Es ist auf jeden Fall nicht nur die Fußballszene, die nun im St. Michaelis Friedhof schweigend an mir vorbeizieht: Da sind Rocker in Kutten, da sind Mitglieder der Chemnitzer AfD und der rechtsextremen Partei Pro Chemnitz, da ist die Rechtsrockszene um den ehemaligen Landser-Sänger Michael Regener und den Chef des Musiklabels PC Records, Yves Rahmel, da ist Pegida-Vize Siegfried Däbritz. Was Rang und Namen hat in der rechten Szene Ostdeutschlands ist gekommen und läuft nun mit Blumen in der Hand an den Kameras der Journalisten vorbei. Eine Gruppe ganz in Schwarz, vermummt und austrainiert wie ein Sondereinsatzkommando. Sie sehen genauso aus wie die Typen, die im August 2018 durch Chemnitz marschierten und dabei skandierten: »Wir sind die Fans – Adolf Hitler Hooligans.«

Es sind aber auch viele ältere Menschen gekommen, die keine Szenemarken tragen, sondern Jeans und internationales Rentnerbeige. Es ist die gleiche Gruppe Menschen, die sich nach dem Tod von Daniel H. im Sommer 2018 am Karl-Marx-Kopf versammelte und später durch die Innenstadt zog und »Ausländer raus« rief.

---

29 Siehe: https://www.l-iz.de/leben/gesellschaft/2019/03/Der-Chemnitzer-FC-trauert-um-Thomas-Haller-Hooligan-Neonazi-Unternehmer-263372

Während der Trauermarsch an mir vorbeizieht, beginnt in Dresden der Prozess gegen den tatverdächtigen Syrer Alaa S., den die Staatsanwaltschaft für den gewaltsamen Tod des 35-jährigen Daniel H. auf dem Stadtfest verantwortlich macht. Aus Sicherheitsgründen ist das Gerichtsverfahren dorthin verlegt worden, in einen Hochsicherheitssaal, der vor 2017 extra für den Strafprozess gegen eine rechtsextreme Terrorgruppe aus Freital gebaut worden war: für 5,5 Millionen Euro.

An diesem Tag, mehr als eine Woche nach der Trauerzeremonie im CFC-Stadion, äußert sich auch Chemnitz' Oberbürgermeisterin Barbara Ludwig (SPD) zum ersten Mal. Sie war im Urlaub. Die »öffentliche Ehrung eines über Jahrzehnte bekannten Rechtsextremisten« sei für sie »eine bewusst angelegte Grenzüberschreitung der Organisatoren«. Darauf angesprochen, was passieren würde, wenn Alaa S. beim Prozess in Dresden freigesprochen wird, sagt sie der taz: »Dann würde es schwierig für Chemnitz. Aber so wäre der Rechtsstaat.« Der Düsseldorfer Insolvenzverwalter des CFC sagt, man brauche jetzt professionelle Hilfe, in der Vereinsführung fehle die Ortskenntnis. Außerdem erstattete er Anzeige gegen unbekannt wegen Nötigung.

Lars Fassmann sagt: »Genaugenommen haben Politik und Verwaltung mit Hooligans in einer Symbiose gelebt und werden dies wahrscheinlich auch weiterhin tun müssen. Fußball und Hooligans lassen sich nicht mit ein paar Lippenbekenntnissen oder Beschlüssen auseinander dividieren.«

Thomas Haller würde ihm wohl zustimmen. 2007 sagte er Rund: »Die jungen Leute verstehen ja nur eine Sprache. Wenn wir nicht präsent wären, würden die Fans irgendwann sagen: ›Was willst du von mir, du Wichser.‹ Wenn der weiß, wer ich bin, wagt der das niemals. Die Leute müssen wissen: Der macht keinen Spaß. Der holt mich noch drei Wochen später ab, auch von zu Hause, auch vom Nachtschrank. Ich bin nicht irgendein Wichser, den man anlachen kann. Wir gehören zur Stadt, wir gehören zum Verein.«

Esther Göbel, Theresa Bäuerlein,
Sebastian Esser, Susan Mücke

Teil 4: Über Lösungen reden

Du findest die AfD ekelhaft? Ein paar Gründe für mehr Selbstbeherrschung

Die AfD ist menschenverachtend, reaktionär und rassistisch, finden viele. Und beschreiben mit Ausrufezeichen, was diese Partei bei ihnen auslöst: Ekel. Genau dieses Gefühl aber sollten wir dringend hinterfragen.

Es gibt Dinge, vor denen sich alle ekeln: Nacktschnecken zum Beispiel, verschimmelte Nudeln oder die Bilder, die auftauchen, wenn man Hautkrankheiten googelt. Neuerdings ist es aber auch okay, sich öffentlich und unverhohlen vor erfolgreichen Politikern zu ekeln – solange es um die AfD geht. Die Abscheu vor den Menschen dieser Partei, ihren Wählern und Führungsfiguren zieht sich nicht nur durch die sozialen Netzwerke wie Twitter. Dort liest sich das zum Beispiel so: Mein Ekel vor der #AfD geht so weit, dass ich nun die nächsten Tage bestimmt wieder Herpes habe #Jauch[30]

30 Siehe: https://twitter.com/paetrig/status/655846645876158464

Er taucht auch in Kommentaren moralisch erhabener Leitartikelautoren auf:
»Könnte das Grundgesetz die Farbe wechseln, es würde rot werden vor Scham und grün vor Ekel.«
(Heribert Prantl, Süddeutsche Zeitung)
Und sogar in den Worten eines Ex-AfDlers:
»Angewidert von Inhalt und Form dieses Bundesparteitags bin ich nicht mehr bereit, meinen Namen und meine Reputation für diese AfD in die Waagschale zu werfen.«
(Martin Hofmann-Apitius, ehemaliger Kreisverbandsvorsitzender in Ahrweiler, bei seinem Austritt im Juli 2015)

Sobald es um die AfD geht, fühlt Ekel sich für viele ganz natürlich an, sogar richtig. Wie soll man auch reagieren, wenn eine Politikerin anregt, auf Flüchtlinge schießen zu lassen? Ein normales »Seh‹ ich anders« scheint nicht auszureichen. Man will sich stärker abgrenzen, Haltung zeigen, der eigenen Empörung Luft machen. Der US-amerikanische Bioethiker Leon Kass glaubt, dass eine ethische Grundhaftung beweist, wer sich angesichts bestimmter Verhaltensweisen ekelt oder angewidert schüttelt. Genau so funktioniert der Ekel vor der AfD, den man zurzeit überall in Facebook- und Zeitungskommentaren lesen kann – und der sogar mehr oder minder verhohlen auf dem Gesicht von Moderatorin Anne Will und Verteidigungsministerin Ursula von der Leyen zu erkennen war, als sie nach den Landtagswahlen in Baden-Württemberg, Rheinland-Pfalz und Sachsen-Anhalt im März 2016 mit Beatrix von Storch im Fernsehen auf einem Sofa sitzen mussten. Abscheu zeigt sich im Blick der Fotografen, die AfD-Führungsfiguren ablichten, und daran, welche Bilder

Redakteure auswählen. Oder hat schon mal jemand ein schmeichelhaftes Bild von Beatrix von Storch gesehen?

Die Psychologin Hanah Chapman glaubt, dass sich das Gefühl moralischer Empörung aus dem entwicklungsgeschichtlich älteren körperlichen Ekel entwickelt hat. Das Gefühl gehört wie etwa Freude, Wut, Furcht, Verachtung, Traurigkeit und Überraschung zu den sogenannten Basisemotionen, die angeboren sind. Sogar Kleinkinder können über ihre Mimik schon Ablehnung ausdrücken, beispielsweise, wenn ihnen ein bestimmtes Essen nicht schmeckt. Insofern ist Ekel ein Gefühl, das automatisch aktiviert wird und zunächst keiner reflektierten Handlung bedarf. Das macht evolutionsbiologisch auch Sinn: Ekel schützt uns.

Führt das Gefühl doch dazu, dass wir uns von Gefahren fernhalten. Von der giftigen Spinne etwa, die uns einen tödlichen Biss verpassen könnte, vor erkrankten Menschen, die uns mittels Viren oder Bakterien vielleicht mit einer Krankheit anstecken, von fremden Geschmacks- und Geruchsstoffen, die wir nicht einzuordnen wissen und die deswegen eine Bedrohung darstellen könnten. Unser Körper benutzt das Gefühl von Ekel also als Vermeidungsstrategie, um potenziellen Gefahren aus dem Weg zu gehen. Im biologischen Sinne erfüllt Ekel also durchaus eine wichtige Funktion und wird damit zu einem konstruktiven Gefühl. Das aber kann schnell in ein Problem umschlagen und gefährlich werden: Weil Ekel eine instinktive Emotion darstellt – und deshalb eine denkbar schlechte Grundlage bildet, um moralische Urteile zu fällen oder konkrete Handlungsmaximen zu formulieren.

Pure Emotionen zur moralischen Instanz zu erheben, war noch nie eine gute Idee.

Wer sich vor Menschen mit bestimmten politischen Haltungen ekelt, ist nicht nur anderer Meinung – er oder sie entmenschlicht oft auch die Gegenseite. Das wiederum ist genau der Mechanismus, mit dem rassistische und rechtspopulistische Denker arbeiten und schon immer gearbeitet haben: Im sogenannten Dritten Reich wurden Menschen zu Abschaum, Parasiten oder Unberührbaren erklärt. Die Nationalsozialisten haben sehr viel Aufwand betrieben, um Juden als eklig darzustellen. Erst durch das kollektive Ekeln im Extrem wurde der Holocaust möglich.

Die Ethikerin Martha Nussbaum warnt deshalb vor dem Gefühl des Ekels vor Andersdenkenden. In den Einstellungen, die sich um Ekelgefühle ranken, verstecken sich ihrer Meinung nach »magische Vorstellungen über Kontaminierung und ein unerreichbares Streben nach Reinheit, das einfach nicht zum tatsächlichen menschlichen Leben passt«. Nussbaum hat den Ekel untersucht, den viele Amerikaner gegenüber Homosexuellen empfinden, und herausgefunden, dass hinter der starken Abneigung gegenüber bestimmten Bevölkerungsgruppen die Vorstellung steckt, deren Lebensweise oder Denkart könne irgendwie ansteckend sein. So verhandeln wir über das Gefühl von Ekel also nicht nur Fragen von Gruppenzugehörigkeit – sondern auch Fragen von Reinheit und Unreinheit.

Gleichzeitig ist öffentliches Ekeln auch eine Kommunikationsstrategie: Das raunende Warnen vor Verunreinigung, der Aufruf zur Reinwaschung einer verschmutzen Nation – diese Appelle bedienen Gefühle, die wir alle in uns tragen. Deswegen funktioniert die perfide Strategie so gut: Weil wir bewusst oder unbewusst darauf anspringen, entweder mit Zustimmung oder mit Empörung.

Und das ist ein Problem. Wer bei Facebook seine Abscheu und seinen Ekel vor der AfD postuliert, der grenzt sich ab; wenn wir uns gegenseitig unseren Ekel vor dieser Politik bestätigen, werten wir uns in den Augen ähnlich Denkender auf. Das Fatale daran: Unsere Abgrenzung schürt wiederum auch den Ekel der AfD-Sympathisanten auf den angeblichen Meinungs-Mainstream. Schon haben die Demagogen etwas, mit dem sie arbeiten können.

Gerade, weil Ekel ein so tiefsitzender menschlicher Antrieb ist, lässt er sich schwer einfach abstellen. Trotzdem kann dieses Argument nicht als Legitimation ausreichen. Wer auf diesem Standpunkt verharrt, macht es am Ende genauso wie die AfD – und spielt ihr Spiel mit.

Sieben Jahrzehnte war die politische Debatte in der Bundesrepublik geprägt von mehr oder weniger zivilisiertem Austausch. Nun stehen die Zeichen auf Polarisierung. In Amerika und Polen lässt sich beobachten, zu welcher Politik eine so vergiftete politische Kultur führt. Sie ist nur möglich, weil beide Seiten keifen. Die Lautesten und Radikalsten bestimmen ab diesem Moment die Debatte: Sie setzen die Themen, sie bestimmen die Lautstärke, sie entscheiden, worüber eine Gesellschaft redet. Sie haben gewonnen.

Josa Mania-Schlegel

Krause und die Kanzlerin

Einmal im Jahr kommt die Bundeskanzlerin in den Osten und hört sich die Sorgen der Länderchefs an. Das Treffen im Jahr 2019 in Sachsen-Anhalt wäre beinahe zur Witzveranstaltung verkommen – wäre da nicht Pfarrer Krause gewesen.

Pfarrer Christoph Krause führt in zackigen Schritten durch Bad Schmiedeberg und will beweisen, dass die Uhren seiner Stadt nicht stehengeblieben sind. Jedenfalls nicht mehr.

Vor einer Woche sah das noch anders aus: Erst die Uhr an der Volksbank, dann die berühmte Monduhr, eingelassen in einen Torbogen, schließlich die große Kirchturmuhr. Sie alle waren stehengeblieben, auf zwölf oder auf kurz vor zwölf. Es stand also kurz vor zwölf in Bad Schmiedeberg. Der prächtige Kurort, im Süden Sachsen-Anhalts, geriet zum Kalauer. Und das wenige Tage vor dem Besuch der Bundeskanzlerin.

Dass sie jetzt wieder ticken, daran ist auch Christoph Krause schuld. Stolz läuft er die Uhren seiner Stadt ab. Dann sitzt er, 65 und seit 1984 Pfarrer, im hochgekrempelten Hemd und ausgelatschten Sandalen im wilden Garten seines Pfarrhauses, das auch als rustikaler Landsitz irgendwo in der Lombardei durchgehen würde.

Und nur wenige hundert Meter entfernt wird bald die Kanzlerin sitzen, bei ihrer Konferenz mit den Ministerpräsidenten des Ostens. Jedes Jahr kommt sie an einen anderen Ort, um die Länderchefs anzuhören, die ihr sagen sollen, woran es in Ostdeutschland fehlt. Die Länderchefs hoffen im Gegenzug auf Hilfe aus der obersten Etage, auf einen neuen Masterplan.

Diesmal setzt noch jemand Hoffnungen in den Besuch der Kanzlerin: Pfarrer Krause. Eigentlich ist er vor drei Monaten in Ruhestand gegangen, aber er kommt nicht zur Ruhe. Der Grund ist sein Brief, den die Mitteldeutsche Zeitung veröffentlicht hat. Ein Brief, zu dem in Bad Schmiedeberg jeder eine Meinung hat.

Er habe völlig übertrieben, sagen die einen. Endlich sagt es mal einer, meinen die anderen. Eine Person sagte sogar, der Pfarrer hätte ruhig noch eine Schippe drauflegen können. Krause selbst findet, dass der Brief bitter nötig war.

Nun ja, dachte sich Krause, wenn nun einmal die Bundeskanzlerin durch sein Bad Schmiedeberg fährt, dann wird sie auch die kaputten Uhren sehen. An ihnen, so glaubt er, könne man ablesen, woran es in ostdeutschen Kleinstädten fehlt. Denn so eine historische Uhr sei doch »mehr als nur eine Zeitansage«, meint Krause, sie sei »Kultur«. Ostdeutschen Kleinstädten allgemein fehle es an Kultur.

Also schrieb er den Hinweis für Angela Merkel an die Zeitung, mit Bitte um Veröffentlichung: »Wie es um Bad Schmiedeberg wirklich steht und was die Stunde tatsächlich geschlagen hat, könnte im wahrsten Sinne ein Blick auf die Uhren der Kommune zeigen: Da steht es schon seit Monaten auf Punkt 12.«

Nur war da bereits klar, dass Merkel die Uhren nie sehen würde. Denn die Kanzlerin wollte nicht durch Bad Schmiedeberg fahren. Die Konferenz sollte auch nicht im Rathaus, im Zentrum der Stadt stattfinden, sondern im vorgelagerten Kurhaus, einem ziemlich vorzeigbaren Anwesen im Jugendstil, dem ganzen Stolz der Stadt.

»In der DDR nannte man so was Protokollstrecke«, sagt Krause. Tatsächlich legte man zu DDR-Zeiten bei hohem Besuch oft eine bestimmte Strecke fest, deren verfallene Häuser dann genau so weit Anstrich bekamen, wie man aus dem Auto rausgucken konnte. Oben drüber blieb es Ruine. Man wollte den Staatschef von damals vor allem: gefallen. Heute ist es genau umgekehrt, man will nichts lieber, als den Verantwortlichen endlich mal mitteilen, woran es fehlt. Pfarrer Krause will das.

Der Besuch der Kanzlerin sei demnach »genau das falsche Signal«, schrieb Krause in seinen Brief. Da guckt einmal ganz Deutschland auf seine kleine Stadt, und die Botschaft lautet: »Schaut, wie gut es uns doch geht!« Dieser Ärger war es, dem er in seinem Brief Luft machen musste. Weil aus seiner Hoffnung nur Verdruss geworden war.

Naja, bis auf eines: Wenige Tage nach dem Brief fingen die Uhren plötzlich wieder an zu laufen. Kurz vor dem Besuch der Kanzlerin schien Bad Schmiedeberg wieder intakt. »Ein Wunder«, meint Krause – und das durchaus ironisch, denn geredet habe niemand mit ihm. »Hier passieren auch die guten Dinge im Verborgenen. Wir müssen mehr miteinander reden«, sagt er.

Dabei liebt der Pfarrer sein Bad Schmiedeberg. Er liebt es so sehr, dass er mit dem Gedanken spielt, sogar noch seinen Ruhestand hier zu verbringen. Und nicht, wie die meisten anderen Pfarrer vom Land, in die Stadt zu ziehen, nach Halle oder Leipzig. »Zur Belohnung«, wie Krause sagt. Und Bad Schmiedeberg kann nur hoffen, dass Krause auf die Belohnung verzichtet. Denn er hält, das merkt man bald, diese Stadt gewissermaßen zusammen.

Ohne ihn, das hieße dann auch: Ohne die 63 Konzerte im Jahr, die Krause hinter seinem Pfarrhaus veranstaltet. Das hieße, ohne die Kinoabende im Gemeindehaus. Und schließlich hieße es auch: Ohne Krause, dem Seelsorger im Dauerdienst, dem die Menschen hier ihre Probleme und Hoffnungen anvertrauen. »Über Jesus wird da am wenigsten geredet«, sagt er, »eher über Lebensfragen«.

Und diese gute Seele einer Stadt prangert nun in einem Brief an, dass hier die Uhren stillstehen? Eine Stadt, die – seit man hier um 1878 ein heilendes Moor entdeckte – deutschlandweit als Kurort bekannt ist. In den vergangenen Jahren wurde das Kurhaus für 168 Millionen Euro renoviert und auf 700 Betten aufgestockt. Gäste aus der ganzen Republik spülen gut 400.000 Euro Kurtaxe pro Jahr in die Stadtkasse.

Man muss den Pfarrer, der seine Stadt so liebt, schon überreden, dass er es einem noch mal genau vor Augen führt, woran es in dem Kurort fehlen soll. Was seiner Meinung nach auch viele andere ostdeutsche Kleinstädte betrifft. Und was somit sehenswert wäre, für Minister- und Bundeskanzlerinnen-Augen. Und so geht es hoch auf den Kirchturm, wo die Uhr wieder tickt, wo sich die Zeiger bewegen, und von wo aus man schnell die ganze Stadt im Blick hat.

Krause weist dann Richtung Nordwesten auf den Marktplatz. Einer jener typisch durchsanierten ostdeutschen Marktplätze. Zwar absolut makellos, aber eben auch eine Spur zu sorgenfrei. »Wahnsinn, was sie aus diesem Ort gemacht haben«, sagt Krause und zeigt, wo früher die dicken Kastanienbäume standen, die man einfach abgesägt hatte. »Jetzt ist alles schick, aber ohne Menschen.«

Er zeigt in Richtung des alten Schwimmbades, das »Basso«, 1993 das erste Spaßbad Ostdeutschlands, das jedoch bald pleiteging und heute ungenutzt verwahrlost. Außerdem ist es Grund für die etwa 20 Millionen Euro Schulden, die Bad Schmiedeberg noch abzutragen hat. Und er zeigt auf die Straße, die sich vom Kurhaus aus S-förmig durch die Stadt schlängelt. Und von der manche munkeln, sie werde nur so weit instand gehalten, wie die Kurgäste bei einem durchschnittlichen Spaziergang kommen. Die Protokollstrecke, gewissermaßen, für zahlende Kurgäste.

Und dann zeigt Krause noch einmal auf die große Uhr direkt über ihm. Das Anzeigen der Zeit ist verwaltungsmäßig eine »freiwillige Aufgabe« der Stadt. Das heißt: Sie darf die Uhr instand halten, muss es aber nicht. Krause sieht das anders. Und vielleicht ist genau das der Punkt, an dem sich der engagierte Pfarrer von der lösungsorientierten Politik unterscheidet. Von einer Politik, die Marktplätze so glattrenoviert, dass keine Menschen mehr dorthin wollen. Die nicht nach Bad Schmiedeberg gekommen ist, um die ostdeutschen Bürger zu sprechen, sondern um sich ihre eigenen Fragen zu beantworten.

Also dann, worüber würde ein Christoph Krause reden mit – sagen wir: Angela Merkel? Da nennt er ein Wort: Gestaltungsspielraum. Die Idee des Aufbaus Ost setze sich heute in Form von EU-Förderungen fort, sagt er. Denn ja, man bekomme schon Geld. Aber nur für jene Projekte, die der Geldgeber einem vorschreibt. Krause hat das an seiner Kirche selbst so erlebt: Einen edlen Zaun bekam der Pfarrer aus EU-Töpfen finanziert. Aber die so viel wichtigere Renovierung des hohen Kirchturms musste er selbst bezahlen.

Wie er das tat, erklärt er beim Hinuntereilen der 180 Kirchturmstufen in Richtung Konferenz. 180 Kirchturmstufen, von denen jede eine Messingplatte trägt, seit Krause vor drei Jahren Patenschaften für die Stufen verkaufte. 250 Euro pro Patenschaft, das machte 45.000 Euro für eben jene Sanierung des Kirchturms. Ja, das ist sie, die Problemlösung, unter Einbezug von Menschen.

Aber nicht nur die Leute in Bad Schmiedeberg diskutieren im Verborgenen, wenn überhaupt – auch die große Politik tut dies bei ihrem Besuch. Dabei sein, wenn die Länderchefs der Kanzlerin berichten, dürfen die Bad Schmiedeberger nicht. Gar eigene Impulse setzen? Fragen stellen? Auch Fehlanzeige. Und so wird nicht mit ihnen gesprochen – sondern, wieder einmal, nur über sie. Ihre Stadt, ihr prächtiges Kurhaus dient nur als Kulisse. Als Symbol für den aufgeblühten Osten.

Über den Vormittag haben die Landeschefs dann vereinbart, welche Probleme sie der Kanzlerin, die später eintrifft, vortragen wollen. Und so stellen sich die Bad Schmiedeberger, genau wie ihr alter Pfarrer Krause, an das schwarze Absperrband und hoffen, wenigstens einen Blick zu erhaschen. Und die Politiker? Sie treten heraus und geben dem Mitteldeutschen Rundfunk Interviews, andere winken oder schütteln zumindest Bewohnerhände.

Da ist Reiner Haseloff (CDU), der Ministerpräsident von Sachsen-Anhalt, der sich bestimmt und sicher gibt, wie es sich für einen Gastgeber gehört. Und Michael Kretschmer (CDU), der neue Sachsen-Chef, verhuscht aber freundlich und mit leiser, fast heiserer Stimme. Und weil sich Haseloff und Christoph Krause aus Zeiten kennen, als Haseloff noch Wirtschaftsminister war und ein Projekt zur Arbeitsbeschaffung realisierte, das in Bad Schmiedeberg besonders gut angenommen wurde, kommt Haseloff nun zum Absperrband, also zu Pfarrer Krause, herüber. Im Schlepptau hat er Kretschmer. Zwischen den Dreien entspinnt sich ein Gespräch, das ein echter Austausch hätte werden können – das aber vielmehr zeigt, wie routiniert Politiker und Bürger aneinander vorbeireden können.

Haseloff ruft: »Pfarrer Krause! Ich habe heute beim Mittagessen ›eine gesegnete Mahlzeit‹ gewünscht, und das, weil ich an Sie gedacht habe.«
»Ich hoffe, Sie haben auch über uns geredet. Wir würden unsere Stadt nämlich gerne selbst gestalten, das heißt: nach unseren Vorstellungen – und realistisch!«, antwortet Krause.
Kretschmer schaltet sich ein: »Dass wir realistisch sind, wissen Sie ja. (Pause) Und schönes Wetter haben Sie hier.«
Krause: »Und Sie hatten hoffentlich schöne Gespräche?«
Kretschmer: »Wir sind uns in fast allen Punkten einig.«
Die Politiker hätten auch in Berlin bleiben können
Dann ein Hubschraubergeräusch. Haseloff knetet feierlich die Hände: »Die Kanzlerin ist gelandet!«

Ein paar Mal spielt Krause noch auf die Uhren an, doch keiner der Ministerpräsidenten hat Lust, darauf einzugehen. Der Hinweis auf das Symbol, das heute wie eine Steilvorlage für ein Gespräch über den maroden ländlichen Osten genutzt werden könnte – und dieser steht schließlich auf dem Programm der Konferenz – verpufft, einfach so.

Am Ende verziehen sich die Politiker wieder nach drinnen und die Bad Schmiedeberger zurück in ihre Stadt.

Und man ahnt, woher der Vorwurf vieler Ostdeutschen kommt, die große Politik würde ihre Deals in Berliner Hinterzimmern ausknobeln und nicht gemeinsam mit den Bürgern: Diese Konferenz, sie hätte auch in Berlin stattfinden können. Das letzte, was Christoph Krause, zurück im wilden Pfarrhaus-Garten, von der großen Politik in seiner Stadt mitbekommt, ist das Rotorengeräusch der im Hubschrauber davon schwirrenden Bundeskanzlerin.

Josa Mania-Schlegel

Die Hauptstadt der Rückkehrer

Warum ziehen ausgerechnet in eine kleine Region in Thüringen überdurchschnittlich viele Menschen zurück? Ich bin nach Heiligenstadt gefahren, in die Hauptstadt des Eichsfelds, um herauszufinden, was dort besser läuft als anderswo.

Als der Heiligenstädter Christian Simon seinen letzten Praktikumstag in der alten Druckerei seiner Heimatstadt hatte und sich am letzten Tag noch einmal zu ihren hohen Toren umdrehte, da machte er sich ein ungewöhnliches Versprechen. Er sagte sich: Bald kehre ich hierher zurück.

Ein seltsames Vorhaben für jemanden, der gerade mit der Schule fertig ist. Zumal in einem Land, dessen Bürger nach Jahrzehnten des Eisernen Vorhangs plötzlich die Tore der Welt offenstanden. Simon gehörte dieser neuen, ersten weltgewandten Generation Ostdeutschlands an. Er machte Karriere in München, London und den USA. Und seine alte Druckerei ging pleite.

Vielleicht war es ja auch nicht die Druckerei, zu der Christian Simon zurückkehren wollte. Vielleicht war es seine

Heimat, das Eichsfeld, in das er zurück wollte. Da wäre er ja beileibe nicht der einzige: Das Eichsfeld hat die höchste Rückkehrerquote Deutschlands.

Die Rede von der Heimat ist nicht erst seit Seehofers neuem Ministerium. Immer wieder untersuchen Forscher, wie viele Menschen im Laufe ihres Lebens wieder zurück in die Heimat gehen. Was Ostdeutschland betrifft, lieferten diese Studien in den letzten Jahren immer wieder überraschende Erkenntnisse. Etwa, dass jeder dritte ausgewanderte Ostdeutsche mit dem Gedanken an die Heimkehr spielt. Und dass so viele dieser Ostdeutschen ihre Pläne umgesetzt haben, dass mittlerweile so viele wieder in den Osten ziehen, wie Menschen von Ost nach West wandern.

Eine Region sticht bei den Statistiken der Ost-Rückkehrer aber immer besonders hervor: das thüringische Eichsfeld. Jeder Dritte, so lautet die aktuelle Zahl, kehrt im Laufe seines Lebens wieder hierher zurück. Das ist Spitzenwert. In keine andere Gegend, als in die um Heiligenstadt und Leinefelde-Worbis, kehren verhältnismäßig mehr Menschen zurück.

Wer sind diese Menschen, die Heiligenstadt oder Duderstadt München oder Düsseldorf vorziehen?

Als Christian Simon 2009 wieder nach Heiligenstadt zog, mietete er sich mit seiner Frau erst eine Wohnung, dann machte er seinen Plan wahr: Er kehrte an Weihnachten 2015 in seine alte Druckerei zurück. Das alte Fabrik gebäude aus Backstein, mitten im Zentrum der Stadt, ließ er sich schick sanieren, sogar nach Auflagen des Denkmalschutzes. Heute bewohnt er den zweiten Stock, ein verglastes Loft. Simons Bett steht dort, wo er 25 Jahre zuvor noch an der Fotosatzmaschine arbeitete.

Simons Geschichte ist deshalb exemplarisch für die rückkehrwilligen Eichsfelder, weil es für ihn – von außen betrachtet – eigentlich keinen wirklichen Grund gab, wieder nach Hause zu ziehen.

1997 ging Simon nach Berlin, er reiste um die Welt und machte Karriere bei Softwareunternehmen und in der Autoindustrie. Mitte der Nuller-Jahre wurde er in München sesshaft. Mit einem sicheren Einkommen, einer leitenden Position, einem schicken Auto. Einem guten Leben, würde man meinen. Sein Zweifel begann, als Simon in München auf andere Eichsfelder traf.

»Es war eine Zeit, zu der sich zwei Eichsfelder Generationen in der Fremde begegneten«, erzählt Simon: »Jene, die direkt nach der Wende weg sind; und jene, die gerade erst nach dem Studium weggezogen waren, wie ich.« Der Zusammenhalt der ausgewanderten Eichsfelder war und ist stark. Ihre größte Facebookgruppe »Du kommst aus dem Eichsfeld, wenn …« hat heute knapp 20.000 Mitglieder – im Eichsfeld selbst leben gerade einmal fünfmal so viele Menschen.

Als Christian Simon in München lebte, war Facebook noch ein Insider unter Harvard-Studenten. Aber Simon hörte, dass es in Hannover und

Frankfurt am Main Eichsfeld-Stammtische gab, wo sich die Auswanderer regelmäßig trafen. Also gründeten er und die Auswanderer, die er getroffen hatte, den ersten Münchner Stammtisch.

Um die 120 Auswanderer aus seiner Heimat lernte Simon in München kennen. Manchmal kamen 40 Leute gleichzeitig zu seinem Stammtisch. War in einem Münchner Brauhaus mal wieder Eichsfeld-Stammtisch, man konnte es kaum übersehen. Wenn das Heimweh besonders groß war, führten die katholischen Eichsfelder auf ihrem Stammtisch vorneweg einen gemeinsamen Gottesdienst durch, wie sie es aus der Heimat kannten. Zur Europameisterschaft 2008 hörte der damalige thüringische Ministerpräsident Dieter Althaus (CDU), vielleicht der berühmteste Heiligenstädter, vom Eichsfeldstammtisch und machte einen Abstecher nach München. Zusammen guckten sich Althaus und seine stolzen Auswanderer das Spiel Deutschland gegen Portugal an.

Außerdem planten die Eichsfelder die nächsten gemeinsamen Fahrten in die Alpen – oder nach Hause, zusammen die A9 hoch. Etwa jeden Monat, manchmal öfter, wenn eines ihrer Feste anstand: ihre geliebte Kirmes, das große Osterfest, das Pfingstfest, Familienfeiern, Weihnachten natürlich. Eichsfelder bleiben ihren katholische Feiertagen treu. Aber nicht unbedingt, weil sie streng fromm sind, sondern weil sie die wilden Feste seit der Jugend kennen.

»Die Eichsfelder machen das alles ein bisschen anders«, sagt Anne Rademacher, die Seelsorgerin des Bistums Erfurt, dem das Eichsfeld untergeordnet ist. »Die kirchlichen Feste dort haben aber immer auch eine hohe persönliche und gesellschaftliche Bedeutung – das sind große Prozessionen, mit Blaskapelle und allem, das finden Sie vielleicht noch im tiefsten Bayern. Aber eigentlich nicht in Thüringen.« Und auch, wenn die Erfurter nicht ganz verstehen, was da im Norden Thüringens so vor sich geht, profitieren sie davon: schätzungsweise zwei von drei Anhängern des thüringischen Bistums stammen aus dem Eichsfeld.

Den Münchner Christian Simon stimmten die Heimfahrten aber bald nachdenklich. Er sagte sich: »Ich will am Wochenende nicht nach Hause fahren, ich will zu Hause sein.« Und so zog er, wie viele andere Stammtischgänger, wieder heim. »Meine Münchner Kollegen fragten, was ich in der Provinz wolle, ich hätte hier doch alles«, sagt Simon. »In der Großstadt kannst du genauso vereinsamen wie auf dem Land«, meint er, »da fahre ich lieber zwölfmal im Jahr auf ein Konzert nach München, Hamburg oder Leipzig als zwölfmal im Jahr nach Hause.«

Und Simon spielte der Zeitgeist in die Hände. Er richtete sich in der Heimat ein Homeoffice ein und merkte schnell, dass sich die meisten Meetings auch via Online-Konferenz durchführen ließen. Seine Kunden lebten ohnehin in der ganzen Welt; nach China und die USA telefonierte Simon fast täglich.

Es ist klingt paradox, aber die vernetzte Welt könnte ein Grund dafür sein, dass es viele Menschen heute wieder in die Heimat zieht, so auch ins Eichsfeld. Wenn der

Arbeitsort nicht mehr auch gleichzeitig der Wohnort sein muss, dann kann die Globalisierung zu etwas führen, das ihr eigentlich widerspricht: zu einem Rückzug ins Heimische, ins Vertraute.

Das Eichsfeld ist auch der Ort, an dem sich Christian Simon heute politisch engagiert. »In München war mir das so egal, wer im Stadtrat ist«, sagt er. Mit einigen anderen Heiligenstädtern gründete er eine Bürgerinitiative. Drei Jahre später, 2012, stellten sie sich für die Bürgermeisterwahl auf – und gewannen.

Ihr Sieg erzählt die Geschichte eines Konflikts, der zwischen der Bürgerinitiative und der Eichsfelder CDU entbrannte, und über den im Eichsfeld niemand so gerne sprechen möchte. Und das, obwohl er das Eichsfeld prägt wie sonst nichts. Es ist der Konflikt zwischen Rückkehrern und Daheimgebliebenen.

Die Eichsfelder leben wesentlich im Umfeld zweier Orte: im niedersächsischen Duderstadt und im thüringischen Heiligenstadt. Sie waren über Jahrzehnte durch die Mauer getrennt – und doch unterscheidet man die Menschen hier nicht zwischen Ost und West. Vielmehr unterteilt man sie in jene, die wieder da sind; und jene, die schon immer da waren.

»Es gibt da einen gewissen Argwohn zwischen den beiden Lagern«, sagt Simon. »Die einen sagen: Wir haben das hier alles aufgebaut; die anderen haben dafür in der Fremde ihr Glück gesucht.« Aber Simon findet auch, dass das Eichsfeld gerade aufgrund dieser beiden Pole so gut funktioniert. Wegen den einen, die Tradition bewahren, und den anderen, die frischen Wind reinbringen.

Das beste Beispiel ist vielleicht Thomas Spielmann, jener Mann, mit dem die Bürgerinitiative die CDU bezwang. Und das in Heiligenstadt, der christlichen Hauptstadt des Eichsfelder Landkreises, also der christlichen Hauptstadt Ostdeutschlands.

Um in Thomas Spielmanns Büro zu kommen, muss man im Heiligenstädter Rathaus durch ein dunkel vertäfeltes Treppenhaus, dann öffnet der Bürgermeister persönlich im weißen Hemd seine Glastür. Grüner Teppich leuchtet einem entgegen. Da ist es wieder, das Eichsfelder Spiel mit Altem und Neuem.

»Die Rückkehrer kommen ziemlich unaufgeregt wieder her, aber es gibt sie zahlreich«, sagt Spielmann. »Bis 2012 wurden die Heiligenstädter immer weniger, aber seitdem steigen wir wieder – auch wegen den vielen Rückkehrern.« Da huscht ein Lächeln über das Gesicht des Bürgermeisters. 2012, das war auch das Jahr seines Amtsantritts. Dieses Jahr will der neue Bürgermeister der Hauptstadt der Rückkehrer eine Rekordsumme in seine Stadt stecken: über zwölf Millionen Euro.

Ein Wort, das Spielmann häufig verwendet, um das Phänomen seiner Region zu erklären, lautet »strategisch«. Dabei kann das Eichsfeld ja gar nichts dafür, dass es »strategisch gut liegt«. Aber es stimmt schon:

Würde man eine Nord-Süd-Achse und eine Ost-West-Achse durch Deutschland ziehen, beide Linien träfen sich ziemlich genau über Thomas Spielmanns leuchtend grünem Teppich.

Und genau darin sieht Spielmann auch die Hauptmotivation der Rückkehrer. »Als Pendler sind sie schneller in ganz Deutschland als von überall sonst aus.« In die benachbarte Stadt fahren schätzungsweise 6.000 Heiligenstädter täglich. »Eine Stadt wie Göttingen könnte ohne das Eichsfeld vermutlich kaum existieren«, sagt Spielmann.

»Und wenn es immer egaler wird, wo jemand wohnt, dann ziehen die Leute eben immer öfter heim«, sagt Spielmann noch, der ja eigentlich selbst zu ihnen gehört, den Rückkehrern. Eigentlich. Der gebürtige Jenenser ging kurz vor dem Mauerfall weg, nach Bayern, Hessen, Frankfurt, Hamburg. In Düsseldorf führte Spielmann ein Möbelhaus und zog 1999 ins Eichsfeld – und damit auch zurück in sein Thüringen. Und kam hier doch nie so richtig an. »Es ist so, dass diese Region für uns emotional über Thüringen steht, und sogar über Deutschland«, sagt Spielmann. »Im Eichsfeld ist man in erster Linie Eichsfelder.«

Und auch er, Spielmann, bekam das zu spüren. Er, der Ostdeutsche, der Thüringer, war hier doch so fremd. Er erfüllte hier sogar ein Feindbild: Jenes des arroganten Weltenbummlers, der im Osten die heile Welt vorfindet, für die aber andere geschuftet hatten: »Manche sahen mein Düsseldorfer Kennzeichen, das ich noch hatte, und sagten: Den Wessi brauchen wir nicht.«

Dass ihn die Eichsfelder trotzdem zu ihrem Bürgermeister machten, liegt an einer anderen, der integrativen Eigenschaft dieser Region. Und daran, wie sie das große Wort dieser Tage definieren: Heimat.

Um das zu verstehen, muss man jemanden treffen, der gefühlt am Längsten hier ist. Und das, obwohl auch er – natürlich – ein Rückkehrer ist. Das Eichsfeld ist nicht bloß ein mystisch umwobener Landstrich, den man so seltsam spitz ausspricht, sondern es handelt sich dabei zudem um einen ordentlichen Landkreis, mit 46 Abgeordneten.

Mystisch wird es wieder, wenn man erfährt, dass an der Spitze dieses Landkreises seit 1994 dieselbe Person steht: Werner Henning, selbst Eichsfelder, ein Germanist und gewissermaßen Vorzeigerückkehrer. In den 80er Jahren schmiss Henning seinen Traumjob am Weimarer Goethe-Schiller-Archiv, um wieder in seine Heimat zurückzukehren.

Henning liebt sein Eichsfeld, vielleicht liebt er es wie kein Zweiter, wenn man bedenkt, dass er – zurück in Heiligenstadt – in einem Bekleidungswerk für Kinderhosen anfing, anstatt in der Dichterstadt Goethes Nachlass zu verwalten. Die Heimatverbundenheit Hennings hängt wie bei so vielen Eichsfeldern daran, dass sie unerschütterlich scheint und als eigene Disziplin gilt, fernab von Parlamenten oder Bürokratie. »Unsere Verbundenheit zur Heimat«, sagt Henning, »würden wir nie politisch oder ideologisch vereinnahmen lassen.«

Tatsächlich hat etwa die AfD – eine Partei, die in anderen Regionen Ostdeutschlands längst zu einer Art Heimatschutzpartei geworden ist – im Eichsfeld bisher keinen Fuß auf den Boden bekommen können. Grund sei ein Abwehrmechanismus, den die Heiligenstädter zu DDR-Zeiten gelernt hätten. Jeder Bürger, erzählt Henning, habe sich damals schließlich fragen müssen: Bist du für oder gegen den Staat? In vielen Teilen der DDR habe dies zu Brüchen geführt. Nicht so im katholischen Eichsfeld, wo die Frage ganz anders gelesen wurde, nämlich so: Wie hältst du es mit der Religion?

»Der politische Staat war erklärtermaßen gegen die Religion«, sagt Henning. »Also war es klar: Das Eichsfeld war gegen den Staat.« Aufgrund dieser »Übung«, wie es Henning nennt, seien die Eichsfelder immer auch in Distanz zum Staat großgeworden. Was macht es mit einer Region, wenn sie Menschen prägt, denen ihre Heimat wichtiger ist als ihre Karriere; wichtiger als ihre politische Einstellung? Das erklärt vielleicht die Geschichte, wie der Landrat Werner Henning seinen Landkreis zusammenhielt, als sich die Wahlkreise vieler anderer Lokalpolitiker in zwei Lager aufspalteten: mit der Ankunft der Flüchtlinge.

»Insgesamt zweitausend Neuankömmlinge hatte ich hier zu Spitzenzeiten unterzubringen«, sagt Henning. Und während die meistens CDU-Politiker in Ostdeutschland hektisch für Willkommenskultur warben, und damit die einen für sich gewannen und andere verstießen, wählte der Eichsfelder einen ganz anderen Weg. »Ich habe die Diskussionen um Integration immer abgewehrt«, sagt er.

Das mag schroff klingen, wie der Landrat das so sagt. Dabei steckt eine große Wahrheit dahinter: »Eigentlich gibt es ja keine Diskussion«, sagt er, »denn die Flüchtlinge sind ja trotzdem bei uns, egal, ob wir uns für oder gegen sie entscheiden. Und in diesem Moment kümmern wir uns um sie.« Bei Henning habe nie jemand in einer Turnhalle übernachten müssen, sagt er.

An dem langjährigen Landrat ging die Ankunft tausender Flüchtlinge unbeschadet vorüber. Ganz im Gegensatz zum restlichen Thüringen, zum restlichen Osten, der viel von seiner politischen Deutungshoheit – in Form der seit langen Jahren regierenden CDU – einbüßte. Und das liegt auch an Hennings Mentalität, der seines Eichsfeldes. Und daran dass die Menschen hier zusammenhalten.

Aber es gibt auch Momente, da hören die Eichsfelder auf, sich zu kümmern. Es sind die Momente nach ihrer Rückkehr. 2010 war Christian Simon, der Mann aus der Druckerei, gerade aus München zurückgekommen, da wollte er den Spieß umdrehen. Er wollte einen Heimkehrerstammtisch organisieren. Schließlich waren auch viele der 120 regelmäßigen Stammtischgäste aus München größtenteils wieder da. Es wurde nichts daraus. »Kläglich gescheitert«, sagt Simon. Warum? »Einmal zurückgekehrt«, sagt er, »ist hier jeder wieder in seinem angestammten Umfeld.«

Christian Gesellmann

Teil 5: Neuer Osten

Wie eine Schülerin das Nachtleben ihrer Stadt für Frauen sicherer machte

»Ich fühle mich bei euch nicht mehr sicher«, schrieb die 19-jährige Alina in einem Brief an zehn Clubs ihrer Heimatstadt in Thüringen. Ständig werde sie angegrapscht oder gegen ihren Willen geküsst, und niemand tue etwas dagegen. Wie die Clubs und die Stadt darauf reagierten, hat mich zutiefst beeindruckt. Andere Städte können von Jena nur lernen.

Liebe alternative Clubs in Jena,
ich hab euch eigentlich ganz schön gern.
Bei euch kann ich mir experimentelle Theaterstücke anschauen, meine Bilder ausstellen, Bustickets zu Demos kaufen und die Nächte durchtanzen. Ihr unterstützt Jugendliche und soziale Projekte.
Bei euch würde ich mich wohlig wie zu Hause fühlen – wäre da nicht diese eine Sache.
Nachts fühle ich mich bei euch nicht sicher.
Ab einer bestimmten Uhrzeit werde ich oft gegen meinen

Willen angefasst, geküsst, belästigt. Ich gehe nur noch selten feiern – und wenn, immer nur mit männlicher Begleitung.

Vor einem Jahr[31] schrieb die 19-jährige Schülerin Alina Sonnefeld einen Brief an zehn Clubs in ihrer Heimatstadt Jena, in dem sie sich über sexuelle Belästigung beschwerte. Die Lokalzeitung berichtete darüber. Und damit hätte die Sache vorbei sein können. Stattdessen passierte im kleinen Jena, diesem Dorf im Großformat, etwas, an dem sich Riesen wie Berlin und Hamburg ein Beispiel nehmen könnten und sollten: Die Clubs und das Kulturamt luden Alina ein, hörten ihr zu und gemeinsam überlegten sie sich, was man gegen das Grapschen und Antanzen tun könnte, es wurden Workshops und Diskussionsrunden organisiert, Statements veröffentlicht, Aufklärung betrieben.

Alinas Brief hat nicht nur ein paar Zeitungsleser zum Kopfschütteln gebracht, er hat Jenas Nachtleben verändert. Das alles passierte noch vor der Diskussion über sexuelle Gewalt an Frauen, die im Herbst 2017 unter dem Hashtag #metoo entbrannt ist. Ich habe diese Diskussion sehr intensiv verfolgt, und ich halte sie für sehr wichtig. Aber wie sie geführt wird, ist vieles, nur nicht konstruktiv.

Nach wie vor sind es oft Männer, die per Leitartikel die Diskriminierung der Frauen kleinreden, die sie offenbar

31 Gemeint ist hier das Jahr 2017. Dieser Artikel erschien bei uns zuerst im Februar 2018 online: https://krautreporter.de/2318-wie-eine-schulerin-das-nachtleben-ihrer-stadt-fur-frauen-sicherer-machte

nicht im Ansatz verstehen, und sich selbst zum Opfer machen (»Was darf man denn überhaupt noch?«), während tatsächlich Betroffene sich rechtfertigen müssen. Die Politik schweigt, Konsequenzen sind bisher ausgeblieben, und Kanzlerin Angela Merkel, immerhin eine der mächtigsten Frauen der Welt, will sich bis heute nicht zum Feminismus bekennen.

Ich habe mich gefragt, wie Alina es geschafft hat, dass die Diskussion in Jena so viel besser gelaufen ist.

Deshalb habe ich mich in Jena umgehört, habe mit Clubs, Sozialarbeitern, Studenten, Mitarbeitern der Stadtverwaltung und Kulturschaffenden gesprochen. Und natürlich mit Alina selbst. Ich wollte herausfinden, was wir alle von dieser einzigartigen Geschichte lernen können.

»Du sagst, es war vor metoo – ich sag, es war nach Silvester in Köln«, erklärt Martin Dauel. Er arbeitet für das »Kassablanca«, einen Club in Jena. Er erinnert mich daran, weil es nach Alinas Brief erstmal nicht nur positive Reaktionen gab. Ganz im Gegenteil.

Seit der Silvesternacht 2015/16, in der am Kölner Hauptbahnhof zahlreiche Frauen bestohlen und sexuell belästigt wurden, zum großen Teil von ausländischen Männern, denken viele beim Thema sexuelle Gewalt sofort an Flüchtlinge und Migranten. Alinas Brief erschien ziemlich genau ein Jahr nach den Kölner Ereignissen, und viele Leute dachten sofort, Alina und ihre Freundinnen wurden von Flüchtlingen belästigt. Auch ich bin ursprünglich auf ihren Brief gestoßen, weil er von Rechtspopulisten gezielt unter dem Hashtag #keintagmehrohne verbreitet wurde.

Das war nicht das einzige Problem. Wie später bei der metoo-Debatte, suchten auch in Jena erstmal viele Leute den Fehler bei Alina. »Selbst schuld, wenn man sich so anzieht«, kommentierte ein Barbetreiber im Internet. Und auch aus ihrem privaten Umfeld gab es Stimmen, die vermuteten, Alina hasse wahrscheinlich einfach Männer, deshalb der Brief.

»Die meisten haben am Anfang nicht verstanden, dass ich damit nicht alle Männer angreifen will«, sagt Alina.

Heute ist Alina 20 Jahre alt und studiert in Leipzig Geschichte. Sie ist zierlich, hat glatte, lange Haare, ein breites Lächeln und spricht mit Binnen-I, sagt »Organisator_Innen« und »Mitschüler_Innen«. Ihren Brief hatte sie per E-Mail an zehn Clubs der Stadt geschickt. Zuerst antwortete das »Kassablanca«, und zwar direkt am nächsten Tag, und lud Alina zum Gespräch ein. Das »Kassa« ist der beste Club der Stadt, da gibt es in Jena eigentlich keine zwei Meinungen. Gegründet wurde er 1990. Er liegt am Westbahnhof, leicht oberhalb des Stadtzentrums, gleich neben Gleis 1. Rund 60.000 Gäste gehen jedes Jahr durch die graffitibesprühten Türen des Clubs.

Hier treffe ich Martin Dauel. Der 41-Jährige ist selbst als Jugendlicher ins »Kassa« zum Feiern gegangen und dann im besten Sinne hängengeblieben. Erst als Aushilfe in der

Küche, dann als Zivi(ldienstleistender), immer als Gast, bald auch als Veranstaltungsorganisator und nun als stellvertretender Geschäftsführer. Bei einer Club Mate erzählt er mir, dass ihn Alinas Brief nicht überrascht hat:

»Jeder Club, der behauptet, Sexismus ist ein neues Thema, hat wahrscheinlich nicht aufgepasst. Das ist ein Problem, das ich kenne, seit ich mich in Clubs bewege. Für uns ist trotzdem wichtig, immer mal wieder dafür sensibilisiert zu werden. Wenn jemand hier im Club Probleme hat, wollen wir, dass der oder die Betroffene zu uns kommt und mit uns darüber redet, damit wir darauf reagieren können.«

Martin und sein Team tun viel dafür, dass sich jeder im »Kassa« wohlfühlt. Sich gegen Rassismus, Sexismus und allgemein jede Form von Diskriminierung einzusetzen, gehört zum Selbstverständnis des Clubs. Jeder Mitarbeiter muss das sogar unterschreiben, es ist Teil des Arbeitsvertrages. Und dennoch fühlte Alina sich nicht sicher, als sie hier feiern wollte. In ihrem Brief schreibt sie:

Von linken Clubs hätte ich mehr erwartet. Ihr setzt euch für Gleichberechtigung ein, aber schafft es nicht, sie auf eurer Tanzfläche durchzusetzen. Die Atmosphäre bei euch fühlte sich für mich nie so an, als ob ein offenes Ohr auf mich wartet, wenn ich von einem sexuellen Übergriff berichte. Ich traute mich nie, etwas bei der Security zu melden.

Alina sagt, dass sie die schlimmsten Party-Erfahrungen bereits im Alter von 15 oder 16 Jahren gemacht hat. »Das Antanzen und Angrapschen – ich dachte damals, dass das normal ist. Dass ich mir das reinziehen muss. Weil ich auch schon Situationen hatte, in denen ich stark bedrängt wurde und kein Mensch drumherum was gemacht hat, selbst Freunde nicht.«

Trotzdem beschwerte sie sich bei den Clubs erst Jahre später. Warum? Alina sagt, dass sie damals nicht verstanden hat, dass sie das Recht hatte, sich zu beschweren. Dass das Angrapschen eben nicht normal ist, nur weil es häufig passiert.

Wie kann ein Clubbetreiber also dafür sorgen, dass sich seine Gäste nicht nur wohlfühlen, sondern auch dann zu ihm kommen, wenn sie sich nicht wohlfühlen? Alina hat in ihrem Brief vier konkrete Vorschläge gemacht:

- Hängt Plakate auf, die das Bewusstsein für sexuelle Gewalt schärfen.
- Richtet eine Anlaufstelle für alle Betroffenen ein und macht auf sie aufmerksam.
- Gebt öffentliche Statements ab, dass fairer gleichberechtigter Umgang in euren Räumen an erster Stelle steht.
- Schafft eine Atmosphäre, in der sich alle – unabhängig von Geschlecht, Herkunft und Glauben – wohlfühlen.

Plakate sollen die Lösung sein? Das klingt erstmal nach nicht viel und auch nicht besonders innovativ. Martin sagt, sowas gab es früher schon im »Kassa«. Mit der Zeit seien die Plakate und Aufkleber aber wieder verschwunden, wurden geklaut, überklebt oder waren verschlissen. Sie zu ersetzen, hatte man vor, aber wie das oft so ist mit guten Vorsätzen, blieb der Plan irgendwo auf der Strecke. Bis Alina kam. Denn ein vermeintlich banales Ding wie ein Schild auf dem Klo kann tatsächlich eine große Wirkung haben. Dafür gibt es eine einfache Erklärung: Es ist ziemlich normal, dass die persönliche Meinung von Menschen etwas anderes ist, als ihre öffentlich geäußerte Meinung.

Bevor wir uns öffentlich äußern, beobachten wir ganz genau, was die bestehende öffentliche Meinung ist, wo die Grenze des Sagbaren liegt – und das sowohl bei der Mehrheit der Mitmenschen, als auch bei den Einzelnen, die abweichende Meinungen vertreten, und an denen wir beobachten können, was ihnen das einbringt. Preference falsification (Präferenzfalsifikation) nennt der Princeton-Professor Timur Kuran[32] dieses Phänomen, man könnte es auch so übersetzen: Wir bewerten dauernd, was das Beste für uns sein könnte, und ziehen unsere Schlüsse daraus.[33]

---

32 Siehe:https://www.npr.org/2018/02/05/582698111/the-psychological-forces-behind-a-cultural-reckoning-understanding-metoo

33 Das tun nicht nur 16-jährige Mädchen, sondern auch erwachsene Männer. Sebastian Schipper, Regisseur des Kinohits »Victoria«, begründete kürzlich in einem Interview mit Spiegel Online, warum er nicht reagiert hat, als er mitbekam, wie eine Schauspiel-Kollegin sexuell belästigt wurde: »SPIEGEL ONLINE: Warum haben Sie nicht eingegriffen, wenn Sie auch vor Ort waren?
Schipper: Ehrlich gesagt, weil ich Angst hatte. Ich hatte damals keinen Namen, keinen Status, kein Gewicht. Aber auch jetzt und heute gebe ich dieses Interview auch, weil ich weiß, dass ich als Schauspieler nicht mein Geld verdienen muss«
Siehe: https://www.spiegel.de/kultur/kino/sebastian-schipper-dieter-wedel-ist-eine-gefaehrliche-witzfigur-a-1193250.html

Alina geht darauf in ihrem Brief ein, wenn sie sagt: »Die Atmosphäre bei euch fühlte sich für mich nie so an, als ob ein offenes Ohr auf mich wartet, wenn ich von einem sexuellen Übergriff berichte. Ich traute mich nie, etwas bei der Security zu melden und versuchte mich so direkt wie möglich zu wehren.«

Die Schülerin hatte das Gefühl, dass das soziale Risiko, sexuelle Belästigung zu melden, zu groß für sie war, dass die anderen sie für unnormal halten, oder dass der obercoole Security-Typ sich über sie lustig machen könnte. Ein Plakat, das vom Betreiber eines Clubs für alle sichtbar aufgehängt ist, und das ganz einfach sagt: »Wenn du dich belästigt fühlst, dann ist das tatsächlich scheiße. Du kannst immer zu uns kommen, und uns das sagen. Wir nehmen dich ernst« – das kann schon den ganzen Unterschied machen.

Martin vom »Kassa« erklärt das so: »Betroffene fühlen sich anders wahrgenommen, wenn sie merken, dass sich der Laden schon mal damit auseinandergesetzt hat. Und auch potenzielle Täter kriegen mit, dass hier ein bisschen genauer hingeguckt wird und schaffen es dann vielleicht eher, auch in einem Zustand erhöhter Lebensfreude noch mal ›ne Bremse reinzuhauen und zu überlegen, was mach ich jetzt, was mach ich nicht?«

Die Pläne für neue Plakate und Aufkleber hatten im Kassa ja bereits in der Schublade gelegen und wurden nach Alinas Brief dann auch schnell umgesetzt. Andere Clubs übernahmen den Vorschlag ebenfalls und machten gute

Erfahrungen. Im »Rosenkeller«, einem der ältesten Studentenclubs Deutschlands und einer echten Institution in der traditionsreichen Universitätsstadt Jena, treffe ich Sara Gaßen.

Die 32-jährige Juristin arbeitet in ihrer Freizeit in der »Rose«. Sie erklärt: »Wir haben uns Vorlagen im Internet angeschaut und die Plakate auf den Toiletten aufgehängt. Ich bin überzeugt, dass das eine echte Wirkung hat, auch wenn das erstmal sehr subtil daherkommt.«

Beim »Kassa« stieß Alina mit ihrem Brief sofort auf offene Ohren. Nach einer Woche war es aber bei dieser einen Reaktion geblieben, andere Clubs meldeten sich nicht zurück. Also schickte Alina den Brief an die Lokalpresse, und die machte daraus sofort einen großen Artikel. Und nun schaltete sich das Rathaus ein. Genauer gesagt das Kulturamt.[34]

Dort ist Carsten Müller einer von zwei Chefs. Er bat alle Clubs der Stadt zum runden Tisch. Zum Austausch, gemeinsam mit Alina und ihren Freundinnen. Und zwar sofort, am Montag darauf. Man glaubt es kaum: Alle kamen, nicht nur die Frauen, sondern Vertreter aller Clubs. Auf einmal wollten alle darüber reden, wie man sexuelle Übergriffe beim Ausgehen verhindern konnte.

34 Noch genauer gesagt handelt es sich eigentlich nicht um ein Amt, sondern um das städtische Unternehmen »JenaKultur«, das als GmbH organisiert ist, aber die Aufgaben eines klassischen Kulturamtes ebenfalls übernimmt. Der Einfachheit und der Sprache zuliebe bleibe ich in diesem Text aber beim Begriff Kulturamt.

Das ist außergewöhnlich. Sicher, Jena ist nicht Berlin, hat nur 120.000 Einwohner. Dennoch: In vielen Städten hätte das Kulturamt Probleme, übers Wochenende auch nur drei konkurrierende Clubbetreiber gemeinsam an einen Tisch zu bringen. Wieso hat das ausgerechnet in Jena funktioniert?

Es kann nicht nur daran liegen, dass Jena, wie Martin und Sara sagen, ein Dorf im Großstadtformat ist, dass hier angeblich jeder jeden kennt, oder dass die Clubbetreiber sich mit dem Kulturamt gutstellen müssen, weil es ein wichtiger Sponsor für die Clubs ist.

Der Kulturamtsleiter Carsten Müller sieht ein bisschen aus wie der junge Bill Gates und war früher einmal Türsteher im »Kassablanca«. Er war also einmal einer dieser obercoolen Security-Typen. Und das ist wichtig: Denn es bedeutet, dass er nicht nur einen guten Draht zur Clubszene hat, sondern auch ein tieferes Verständnis dafür, wie sie funktioniert. Deshalb weiß Müller, dass zum Beispiel auch der Türsteher, vor dem Alina ein bisschen Angst hatte, für sie da sein wollte, und dass Sexismus im Club nicht erst seit der Silvesternacht von Köln ein Problem ist.

»Uns war wichtig, dass das Anliegen von Alina nicht banalisiert oder von populistischen Meinungsbildnern instrumentalisiert wird«, sagt Müller, »diese Tendenzen waren nach der ersten Veröffentlichung in diversen Kommentarspalten erkennbar. Wir haben uns deshalb von Anfang an klar positioniert.«

So kam es, dass am Ende des Treffens die Vertreter des Clubs sich mit den Vertretern der Stadt und Alina auf ein gemeinsames Statement einigten, das vom Kulturamt verbreitet wurde. Darin verurteilten sie Sexismus und ermutigten Betroffene, sich nichts gefallen zu lassen und darüber zu sprechen, wenn sie sich nicht gut fühlen. Auch ein Ansprechpartner für Betroffene wurden genannt, die Gleichstellungsbeauftragte der Stadt.

Die Stadt nahm damit den Clubs die Pressearbeit ab und erfüllte zugleich Alinas zweite und dritte Forderung (Richtet eine Anlaufstelle für alle Betroffenen ein und macht auf sie aufmerksam; Gebt öffentliche Statements ab, dass fairer gleichberechtigter Umgang in euren Räumen an erster Stelle steht).

Martin Dauel vom »Kassa« sagt dazu: »Für uns alle war der Ansatz, dass wir eher konstruktiv arbeiten wollten an dem Thema, statt uns mit Außendarstellung zu beschäftigen.« Dadurch konnten sich alle auf Alinas letzte Forderung konzentrieren: Schafft eine Atmosphäre, in der sich alle – unabhängig von Geschlecht, Herkunft und Glauben – wohlfühlen.

Dafür wurde noch in derselben Woche ein offenes Treffen im »Kassa« organisiert, bei dem Ideen gesammelt wurden. Das Treffen wurde von Alina und ihren Freundinnen geleitet, und fast 50 Leute nahmen daran teil. Jemand schlug vor, dass in Schulen viel früher über Sexismus aufgeklärt werden sollte. Jemand anderes hatte die Idee, einen Preis an Clubs zu verleihen, die besonders vorbildlich mit dem

Thema umgehen. Und dann gab es noch den Vorschlag, einen Workshop zu organisieren, in dem es darum gehen sollte, wo sexuelle Belästigung im Club eigentlich anfängt, was normal ist und was nicht.

Die Gleichstellungsbeauftragte der Stadt Jena hielt den Kontakt zu Alina und ihren Freundinnen aufrecht und bot ihre Unterstützung an, sowohl mit Geld als auch bei der Organisation. Möglichst viele der Vorschläge sollten umgesetzt werden.

Auch die Clubs blieben untereinander in Kontakt, und machten Alinas Forderungen intern zum Thema. »Wir haben nach guten Beispielen gesucht, an denen wir uns orientieren können. Dafür haben wir uns auch Soziologen und Psychologen mit an den Tisch geholt«, erklärt Sara Gaßen vom »Rosenkeller«. »Alinas Brief war überall Gesprächsthema. Das war für uns ein willkommener Anlass. Sexismus zu überwinden ist ein gesellschaftlicher Wachstumsprozess, es geht nur Schritt für Schritt und kann auch nicht erzwungen werden. Aber wenn die Diskussion das nächste Mal aufkommt, werden wir alle schon ein bisschen weiter sein.«

Hinter vorgehaltener Hand erfahre ich aber auch: Nicht alle Clubvertreter haben so gedacht wie die Leute vom »Kassa«, der »Rose« oder dem Kulturamt, erinnere dich an den Barbetreiber, der kommentierte: »Selbst schuld, wenn man sich so anzieht« – trotzdem haben alle das gemeinsame Statement mitgetragen. Denn: Es nicht zu tun, hätte bedeutet, gegen den Strom zu schwimmen.

Jena hat praktisch neu definiert, was die Mehrheitsmeinung beim Thema Sexismus ist.

Aber was hat Alina eigentlich den Mut und das Wissen verliehen, diese Debatte nicht nur anzustoßen, sondern auch durchzustehen? Das Wichtigste ist vielleicht: Alina war nicht allein. In ihrem Brief schreibt sie:

Im Austausch mit anderen Mädchen und Frauen ist aufgefallen, dass es nicht nur meine individuelle Wahrnehmung ist, sondern vielen so geht. Fast jede weiß von Erfahrungen zu erzählen, bei denen ihre persönliche Grenze überschritten wurde.

Alina hat den Brief verfasst, aber noch sechs weitere junge Frauen haben ihn unterschrieben. Immer, wenn du in diesem Artikel den Name Alina liest, musst du dir eigentlich die Namen Lara, Hilde, Laura, Fiona, Jenny und Martha mitdenken.

Und auch, wenn weder Alina noch ihre Schule das hören wollen: Eigentlich ist der Brief eine Art Schulprojekt. Zumindest ist er daraus hervorgegangen. An Alinas Gymnasium nämlich wird der Ethikunterricht des gesamten Halbjahres in einer Projektwoche erledigt. Ihre Jahresstufe sollte sich in Gruppen organisieren und an einem Thema ihrer Wahl verschiedene philosophische Konzepte durchspielen. Alina wählte das Thema Rape Culture. Zu ihrer Gruppe gehörte kein einziger Mann, aber sechs Mitschülerinnen.

Mit dem Wissen und der Energie aus der Projektwoche schrieb Alina den Brief, sagt sie. Sie habe endlich verstanden, warum sie sich so schlecht fühlte, nachdem sie vor Jahren im Club angegrapscht wurde, und was man dagegen tun könnte. Sie besprach den Brief mit den Mitschülerinnen aus der Rape-Culture-Gruppe, gemeinsam verbesserten sie ihn und am Ende unterzeichneten alle mit ihren Namen und gingen auch später mit zu den Treffen im »Kassa«, dem Kulturamt, bei der Gleichstellungsbeauftragten.

Projektwoche Ethik – wie die Sache mit den Plakaten klingt das nach nicht viel. Aber in Jena hat es den Unterschied zwischen einer verletzenden und einer konstruktiven Diskussion gemacht.

Allerdings hat sich Alina nicht zum ersten Mal in der Schule mit dem Thema Feminismus beschäftigt. Das tut sie schon, seit sie 15 Jahre alt ist. »Ich kann mich exakt an den Moment erinnern, weil das so ein Wendepunkt in meinem Leben war«, sagt sie. Das war bei einem Feriencamp in Mecklenburg-Vorpommern. Dort wurden Workshops zum Thema Geschlechteridentität (Gender) angeboten.

»Ich bin da mit einer sehr abwertenden Haltung hingegangen, so äh Gender, das ist doch sinnlos. Aber dann mussten wir Männer- und Frauenklischees aufschreiben und darüber nachdenken, wie die Menschen sind, die wir kennen, wie die in diese Schubladen reinpassen. Und da ist mir aufgefallen: Boah, das haut ja gar nicht hin. Alle meine

Freundinnen trinken Bier und spielen Fußball, und mein guter Freund, der sammelt Schuhe – jetzt denk mal drüber nach, Alina, vielleicht ergibt das doch alles keinen Sinn.«

Cornelia Bartlau ist die Gleichstellungsbeauftragte der Stadt Jena. Zuvor war sie 22 Jahre lang als Sozialarbeiterin unterwegs, sie kennt die Schulen, Kindergärten und Jugendclubs von Jena wie ihre Westentasche. Alina kannte sie schon als kleines Mädchen. Sie sagt: »Eigentlich ist es ein bisschen zu spät, wenn junge Menschen erst dann über Sexismus sprechen, wenn sie im Club erste schlechte Erfahrungen gemacht haben. Denn mit ihrer sexuellen Identität beschäftigen sich Kinder schon viel eher. Viele Lehrer, Erzieher und auch Sozialarbeiter wissen aber nicht, wie sie mit Kindern darüber reden sollen. Sie haben es nicht gelernt.«

Die schwedische Regierung hat bereits 1998 beschlossen, dass Schulen und Kindergärten für eine geschlechtsneutralere Erziehung sorgen und auf traditionelle Stereotypen von männlich und weiblich verzichten sollten. Heute rangiert Schweden auf Platz vier (hinter drei anderen nordischen Ländern) beim »Global Gender Gap Report«[35] des Weltwirtschaftsforums, der das Niveau der Gleichstellung von Frauen und Männern und Frauen weltweit analysiert.[36] Deutschland steht auf Platz 13, hinter beispielsweise Ruanda, den Philippinen und Burundi.

---

35 Siehe: http://reports.weforum.org/global-gender-gap-report-2016/economies/

36 In diesem Artikel von Edition F ist gut beschrieben, was die Schweden so anders machen: https://editionf.com/Schweden-Geschlechtergerechtigkeit-Kindergarten-Egalia.

Aber zurück zu Alina. Mit 15 Jahren hatte sie also ihren Klick-Moment. »Und dann habe ich beschlossen, dass ich etwas ändern möchte. Ich hab gemerkt, wie sehr mich der Feminismus befreit hat von den Einschränkungen, die einen die Gesellschaft gibt als Frau oder auch als Mann.«

Alina begann mit ihren Freund_Innen über Feminismus zu sprechen, und Texte darüber zu schreiben. Als der beliebte Blog »This Is Jane Wayne« seine Leser und Leserinnen nach ihren Erfahrungen mit Sexismus befragte, schickte Alina einen ihrer Texte ein. Darin beschrieb sie, wie beklemmend es sich oft anfühlt, eine junge Frau zu sein, und wie verklemmt wir über Sex reden, wie befreiend es ist, mal keinen BH zu tragen, und wie kopflos die Reaktionen darauf meist sind, gerade in einer »Dorfgroßstadt«. Die ersten vier von Dutzenden Kommentaren unter dem Artikel:

»Ich bin ein kleines bisschen beeindruckt von diesem Text und erst recht von der Autorin!« (Sophie)
»Geht mir genauso Sophie! Schöner und ehrlicher Text. »(Merle)
»Tolle junge Frau! Mich hat der Text sehr berührt …« (Maxi)
»Hut ab und danke für diesen Text! You go, girl!« (Kathi)

Alina fand ihre Stimme und Zustimmung. »Damals habe ich gemerkt, dass ich allein mit einem Text schon unglaublich viele Menschen bewegen kann. Und dass sich ganz viele Mädchen darin einfach wiedererkannt haben«, sagt Alina. Ihr erster richtiger Artikel war so etwas wie die Generalprobe für den Brief vom vergangenen Jahr. Und so nahm diese Geschichte ihren Lauf.

- Der Brief: persönlich, konkret, konstruktiv. Alina hat in ihrem Brief klargemacht, dass sie helfen will, das Problem zu lösen, nicht einfach nur meckern. Den Clubs schrieb sie: Ich bin mir sicher, dass ihr viele Helfer*innen findet. Ihr habt die erste in mir.
- Die Clubs: Sie haben Alina beim Wort genommen. Und vor allem haben sie eins getan: zugehört statt sich zu rechtfertigen. Denn für Betroffene ist es extrem schlimm, wenn die Schuld auch noch bei ihnen gesucht wird. Wie wir mit ihnen umgehen, beobachten auch andere Betroffene und ziehen ihre Schlüsse daraus.
- Die Politik: Dass die Clubs so cool reagiert haben, lag bei einigen daran, dass sie sich selbst schon lange mit dem Thema Sexismus beschäftigt haben. Vor allem das Kassablanca, der Rosenkeller, aber auch das Café Wagner haben die Diskussion nicht als Angriff, sondern als Chance verstanden. Was ihnen gemeinsam ist: Die Clubs werden von Vereinen betrieben, und es ist anzunehmen, dass sie auch ohne Einmischung des Kulturamtes diesen Weg gegangen wären. Dass das Kulturamt aber schnell reagiert und auch die kleineren, rein kommerziellen Clubs mit an den Tisch brachte, stellte sicher: Hier ziehen alle am gleichen Strang. Zumindest öffentlich. Denn das gemeinsame Statement hat den Rahmen für die Diskussion geschaffen: Wer davon abweichen wollte, zum Beispiel lieber über Flüchtlinge oder kurze Röcke reden wollte, wäre negativ aufgefallen. Ein weiterer Grund, warum die Stadt so gut und konstruktiv reagierte: Ihre Vertreter kennen sich in der

Clubszene aus und sind dort respektiert. Nur so kann man auch selbst Forderungen stellen, die akzeptiert werden.

- Genderneutrale Erziehung: Welches Geschlecht man hat, sollte in der Erziehung, in Kindergarten und Schule besser keine Rolle spielen. Es wird Zeit, dass das auch von der Politik so beschlossen wird und dass Eltern, Lehrer und Erzieher lernen, wie sie mit Kindern über Sexualität reden können.
- Lokal: Sexismus ist ein globales Thema, sexuelle Gewalt an Frauen Alltag. Aber gelöst werden können diese Probleme nur zu einer konkreten Zeit und an einem konkreten Ort: da, wo du lebst und mit den Menschen, mit denen du umgehst.
- Repeat: Über Sexismus zu sprechen, ist Übungssache. Etwas dagegen zu unternehmen, ist Wiederholungssache. So wichtig der Impuls war, der von Alina und ihren Freundinnen ausging: Nach dem Abitur sind die jungen Frauen in die Welt gezogen. Einige Ideen wie der Feminismus-Workshop oder die Plakate wurden umgesetzt. Andere, wie der Preis für besonders vorbildliche Clubs, nicht. Einzelpersonen können nicht die Verantwortung für gesellschaftliche Probleme stemmen. Dafür braucht es Institutionen – und zwar mit echtem Personal und Budget – wie zum Beispiel eine Gleichstellungsbeauftragte

Josa Mania-Schlegel

Den jungen, wilden Ostdeutschen gelingt etwas, an dem Parteien und Politiker verzweifeln

Eine Menge junger Ostdeutsche stellt gerade offen das Gelingen der Wiedervereinigung in Frage. Haben sie recht? Jedenfalls schaffen sie es, dass AfD-Wähler über ihre eigentlichen Probleme reden.

Wir jungen Ostdeutschen fühlen uns zu Orten hingezogen, an denen man noch etwas Vergangenheit spüren kann. Leipzigs beste Clubs? Befinden sich in alten Industriehallen. Dort erahnt man noch etwas von der harten, ehrlichen Arbeit von damals, nach der sich die durchdigitalisierte Generation von heute sehnt.

So dachte ich auch, dass der Waschsalon, zu dem ich in Chemnitz fuhr, nur ein leerstehender Waschsalon sein könnte. Vor einigen Wochen war das. Zwei junge Frauen wollten in dem Salon ihre Ost-Podcasts vorstellen.

Ein verlassener Waschsalon, dachte ich mir, das ist doch ein schönes Symbol. Früher, als noch nicht jeder seine

Waschmaschine zu Hause hatte, musste an solchen Orten noch das berühmte Miteinander der DDR zu spüren gewesen sein, über das ältere Ostdeutsche heute immer mal ins Schwärmen kommen.

Aber als ich den Waschsalon betrat, hielt mir ein grinsender Kerl die Tür auf, in der Hand seine volle Wäschetasche. Der Waschsalon: in Betrieb. Von schaumiger Nostalgie nichts zu spüren, nur tiefenreine Gegenwart.

Drinnen warteten die Podcasterinnen: Marie-Sophie Schiller, 30, mit »Ost – Eine Anleitung«, die sagt: »Mich interessiert nicht so sehr, wie der Osten mehr wie der Westen werden könnte. Sondern eher, was heute unsere ostdeutschen Besonderheiten sind.«

Neben ihr Anne Ramstorf, 28, Redakteurin der SUPERillu, die mit ihrem Podcast »Ostwärts« zeigen will, »dass der Osten mehr ist als ein Klischee«.

Ramstorf und Schiller gehören zu einer Generation junger Ostdeutscher, die kurz vor den drei entscheidenden Wahlen des Ostens (Sachsen, Brandenburg und Thüringen) die Geschichte der Wiedervereinigung noch einmal infrage stellt. Neben Podcasts gehen die Ostdeutschen zwischen 20 und 30 auf Lesereisen oder demonstrieren, sie schreiben Romane und Sachbücher, machen Ost-Journalismus oder eröffnen spontane Ausstellungen in der Fußgängerzone.

Die jungen Ostdeutschen vereint, dass sie den Osten nicht länger erklären wollen (wie es nach dem ersten Jahr

Pegida und den Erfolgen der AfD in Mode war). Lieber pflücken sie nach und nach die Erzählung der älteren Generation auseinander. Und sie formulieren Forderungen an die ostdeutsche Gegenwart.

Für manche gehört es auch dazu, den eigenen Eltern Vorwürfe zu machen. Wer sind diese jungen Ostdeutschen?

Sie leben in Görlitz, zum Beispiel Lukas Rietzschel, 24, der 2018 mit seinem Roman »Mit der Faust in die Welt schlagen« debütierte. Das Buch las sich als eine Art Abrechnung mit einer älteren Generation, die nach dem Mauerfall rasch in den Westen zog und das bröselnde Land zurückließ.

Oder in Gera, wie die Schauspielerin Elisa Ueberschär, 30, die mit Texten einer vergessenen DDR-Schriftstellerin auf Lesereise geht und ihr Publikum fragt: Was ist »von euren Zukunftsplänen und utopischen Vorstellungen« nach dem Ende der DDR eigentlich übrig geblieben?

Oder in Bautzen, wo Frieda Schiller, 19, lebt, die bald in Leipzig Jura studieren wird, aber vorher mit Freunden eine Konzerttour unter dem Titel »Wann Wenn Nicht Jetzt« startete, die gerade durch den Osten tourt. Schiller sagt: »Die Motivation ist, dass wir viel Scheiße hier erlebt haben und Leute kennen, die das kaputt gemacht hat – das wollen wir nicht einfach so stehen lassen.«

Da sind junge Leute, die sich an ihren Eltern, an den Älteren abarbeiten und dabei auch manchmal Wut im Bauch haben. Sie alle vereint eines: Die Überzeugung, dass die

Wiedervereinigung zum Teil verbockt wurde. Das Projekt, an das ihre Eltern drei Jahrzehnte lang geglaubt haben, versehen sie mit einem Fragezeichen. Wie kommen sie darauf?

Eine zentrale Figur der jungen, wilden Ostdeutschen, die alles anders machen wollen, ist sechs Jahre nach der Wiedervereinigung geboren und kennt mich seit ein paar Minuten, als er mir eine Flasche Sternburg anbietet, zu der er nur »Sterni« sagt und Bananen aus seinem Rucksack räumt.

Es ist früher Abend in Chemnitz und jetzt genau ein Jahr her, dass rechte Ausschreitungen die Stadt in bundesweite Negativschlagzeilen brachten. Heute sieht es in Chemnitz anders aus. Anstelle des jährlichen Stadtfestes findet das »Kosmos« statt, ein Fest »gegen Rassismus und rechte Hetze«.

Ich stehe mit Philipp Rubach, dem 22-jährigen Ostmann mit Sterni und Bananen, vor dem Waschsalon. Rubach trägt eine Lonsdale-Jacke der Band Feine Sahne Fischfilet, vor einem Jahr gründete Rubach »Aufbruch Ost« – eine Gruppe, der mittlerweile 50 junge Ostdeutsche angehören. Sie ziehen durch ostdeutsche Städte und eröffnen dort temporäre Cafés oder Ausstellungen in der Fußgängerzone. Auch, um mit der älteren Generation ins Gespräch zu kommen.

Seinen Aufbruch nennt Rubach heute eine »Bewegung«. Dabei sollte es sie eigentlich nur für einen Abend geben. Für den 9. Oktober 2018, den Jahrestag der friedlichen Revolution. In Leipzig wird der Tag jährlich als »Lichtfest« mit viel Pomp in der Innenstadt begangen. Rubach findet: zu unkritisch.

Und so malte er mit Freunden ein Banner: »Treuhand-Aufarbeitung jetzt!« Sie druckten Flyer über die Treuhand – jene Behörde, die nach dem Zerfall des DDR-Staates die Betriebe des Ostens sortierten sollte. Einige ließ sie laufen, oft unter neuer West-Führung. Viele wurden einfach geschlossen. Einige Forscher sagen: zu viele.

Wenn Rubach meint, dass »die Treuhand das eigentliche Trauma der Ostdeutschen« sei, dann meint er die Tausenden DDR-Bürger, die nach 1991 plötzlich ohne Job dastanden.

Rubach meint auch seinen Opa, der Generaldirektor eines DDR-Kombinats war. An jedem Kaffeetisch, sagt Rubach, fängt der Opa heute von Neuem an: Von den Westdeutschen, wie sie mit schwarzen Aktenkoffern kamen. Wie sie sagten: »Jetzt ist Schluss hier.« Wie sie die Ferienwohnungen des Betriebs in den Westen verkauften.

Aber außer dem Kaffeetisch schien den Opa niemand anhören zu wollen, gerade die Politik nicht. Rubach sagt: »Es gibt für das Thema Treuhand bis heute keinen Erzählraum.« Und deshalb, glaubt Rubach, ließ sich die Wut der Ostdeutschen jetzt so leicht in eine andere Richtung lenken.« Rubachs Kampf für den Osten, das merkt man schnell, gilt auch der AfD.

»Ich bin in einer Familie groß geworden, die immer links gewählt hat«, erzählt der gebürtige Thüringer. »SED, PDS, die Linke«. Aber 2017, da wählte die Familie plötzlich AfD. Und der Vater ging einmal, zumindest aus Neugier, zu Pegida. »Da habe ich gemerkt: Hier im Osten bricht gerade alles zusammen.«

Rubach versuchte also zu reden, über Asyl, Migration. »Ich habe gemerkt, ich komme da nicht ran«, sagt er.

Es gab nur eine Sache, über die er noch mit der Familie reden konnte. Den Osten, die Treuhand.

Und so kam Rubach seine Idee. Wenn er mit »Aufbruch Ost« durch den Osten tourt und Menschen trifft, dann stellt er immer zwei Fragen: Welche Unterschiede gibt es heute zwischen Ost und West? Und: Was verbinden Sie mit dem Begriff Treuhand? »Da kommen die Leute ins Erzählen«, sagt Rubach.

Letzten Sonntag konnte man das in Bautzen miterleben. »Aufbruch Ost« war dort. Auf dem Kornmarkt, einem Platz in der Altstadt, hatten sie ihre Wanderausstellung aufgebaut. Viele Tafeln, vor allem Text. »Die Bilanz der Treuhand: 1 Mio. vernichtete Jobs.«

Aber es geht gar nicht so sehr um die Tafeln. Bei der letzten Stadtratswahl wählten in Bautzen über 40 Prozent AfD. Und nun blieben auch einige Bautzner AfD-Wähler an den Tafeln stehen. Einer, graues Haar, Tanktop, kommt mit einem Aufbruch-Ost-Mitglied ins Gespräch. Thema: Treuhand. Und der Aufbrüchler fragt den Mann ganz direkt: »War das damals alles so alternativlos?«

»Was will man jetzt noch machen, es ist vorbei«, entgegnet der AfD-Wähler. Und, etwas resigniert: »Die Betriebe haben sie ja jetzt verschleudert.« Er wisse nicht, wer daran verdient habe. Aber in jedem Fall, wer nicht: »Keiner von uns Kleinen.« Und jetzt?

Anstatt weiter über die Vergangenheit zu mosern, dreht »Aufbruch Ost« die Gespräche immer ins Hier und Jetzt. Was er denn wähle – und warum? Ganz klar, AfD. Und dann fällt ein bemerkenswerten Satz: »Ich habe die Parteien alle durch«, sagt der AfD-Wähler, »die AfD haben wir noch nicht gehabt. Ob sie was bringen? Weiß ich nicht.«

Auf gewisse Weise ist der kleine Dialog die Bestätigung von Rubachs These: Die Wut der Ostdeutschen entstammt dem Treuhand-Trauma. Weil es keiner Partei gelang, das Thema wirklich aufzuarbeiten, wählen sie nun, was übrig bleibt: die AfD.

Und, darauf legt legt Rubach wert, weil die AfD einen Rassismus bedient, der »sich im Osten meist lauter äußert« als im Rest der Republik.

Dem »Aufbruch Ost« gelingt aber etwas, woran viele Parteien, woran die meisten Politiker gerade verzweifeln. Er kommt mit Menschen ins Gespräch, die sich unverstanden fühlen. Deren Wut man nicht sofort versteht, wenn man ihren Ursprung nicht kennt.

Die jungen Ostdeutschen aber scheinen die alten immer

besser zu verstehen. Und das liegt wahrscheinlich daran, dass sie selbst erst jetzt zu Ostdeutschen wurden.
Die Verbundenheit begann, als die jungen sich selbst das erste Mal als Ostdeutsche sahen, beziehungsweise: als solche markiert wurden. Fast alle können diesen Moment beschreiben. Und seitdem wollen sie auch immer mehr verstehen, was mit ihren Alten eigentlich los ist.

Die Podcasterin Marie-Sophie Schiller erzählt an dem Abend im Waschsalon von dem Moment, als sie die westdeutschen Kollegen im Praktikum in Berlin das »Ossi-Mädchen« nannten. Als sie zur Ostdeutschen wurde.

Auch die Journalistin Valerie Schönian schreibt von ihren Münchner Freunden, die den Osten zu Pegida-Land erklärten. »Ich war gegen Pegida«, schreibt sie. »Aber auch gegen die, die aus Pegida einen pauschalen Vorwurf an die gesamte Region ableiteten. Ich fing an, den Osten zu verteidigen.«

Schönian schreibt auch: Dass ihr die Eltern die Ost-Werdung übelnahmen. Nach der anstrengenden Wiedervereinigung habe ihnen das wohl bedeutet, »es nicht geschafft« zu haben.

Auch Philipp Rubach von »Aufbruch Ost« sagt: »Wenn junge Leute aus dem Osten heute sagen ›Ich fühle mich ostdeutsch‹, dann ist das für ihre Eltern ein Schlag ins Gesicht. Dann merken die: Wir haben es wirklich nicht geschafft.«

Es ist normal, dass eine Generation der älteren ihre Versäumnisse vorwirft. Die 68er bekämpften den »Muff von 1.000 Jahren« und meinten damit auch die zugedeckte Nazi-Vergangenheit ihrer Eltern. Über jetzige Generationen wird man wohl sagen: Ihr habt zu verschwenderisch gelebt und unseren Planeten ruiniert.

Uns junge Ostdeutschen unterscheidet, dass die Rollen vertauscht sind. Anderen Generationen mag es rebellisch vorgekommen sein, sich von ihren Ernährern, ihren Welterklärer, ihren Behütern loszusagen: Seht her, ich stehe auf eigenen Beinen.

Wir jungen Ostdeutschen können aber längst alleine stehen. Wir mussten das früh lernen. Die wenigsten unserer Eltern besitzen ein Haus oder ein Vermögen. Die Welt haben wir uns ohne Ratschläge von oben erschlossen. Unsere Eltern hatten in der DDR fast nie gelernt, worauf es bei einem Kredit oder einer Geldanlage ankommt. Oder wie das Quellenverzeichnis einer Bachelorarbeit auszusehen hat.

Und manche unserer Eltern macht es heute traurig, dass sie ihren Kindern die Welt, in der sie selbst nie so richtig Platz gefunden haben, nicht zeigen konnten.

Wenn die jungen Ostdeutschen jetzt den Eltern sagen »Ihr habt es nicht geschafft«, dann dürfen die das aber nicht missverstehen. Wir lehnen sie nicht ab, sondern wir solidarisieren uns mit ihnen.

Kommt, sagen die jungen Ostdeutschen, diesmal schaffen wir es gemeinsam.

Philipp Rubach trifft mit »Aufbruch Ost« den Nerv dieser Generation. Und seine Bewegung wird immer bekannter. Letzte Woche war das MDR da, 3Sat macht auch einen Betrag. »Die vom Fernsehen wollen immer, dass wir Transpis malen«, sagt Rubach. Mittlerweile hat »Aufbruch Ost« allein 15 Transparente, die vor laufender Kamera entstanden sind.

Ein bisschen lustig ist es ja, aber es wirft eine Frage auf: Wie lange wird »Aufbruch Ost« seine Banner überhaupt noch brauchen? Was wird aus den jungen Ostdeutschen? Anders gefragt: Wer will noch einen Ost-Podcast über Chemnitz hören, wenn die Wahlen erstmal vorbei sind und die CDU die nächsten fünf Jahre weiterregiert?

Was bleibt sind auch Utopien. »Pegida 2.0« nennt das Rubach. Man müsste, sagt er einmal, ganz runterscrollen auf der Facebookseite von Pegida. Sich ansehen: Wie haben die angefangen? Seine Vision für »Aufbruch Ost« wäre dann »ein linkes Pegida«. Eine Bewegung, die nicht gegen Flüchtlinge hetzt, sondern gegen die aus seiner Sicht wahren Schuldigen: die Treuhand, den Kapitalismus.

»1989 ist die Stimmung auch innerhalb kürzester Zeit von links nach rechts umgeschlagen«, sagt er. »Warum heute nicht wieder, nur umgekehrt?«

Epilog

Hier bin ich gebor'n /
Wo die Kühe mager sind wie das Glück.
(Gerhard Gundermann *1955 † 1998)

Seelenfänger schleichen um den Block und /
Machen Geschäft mit der Hoffnung.
(Trettmann *1973)

Früher habt ihr 16-Jährige den Bordstein fressen lassen /
Jetzt fallen dir selber die Zähne aus.
(KUMMER *1989)

Vielleicht passt es gut zu diesen drei Songzitaten (alle von ostdeutschen Künstlern), dass ostdeutsche Kühe heute mehr Milch produzieren, als der Bundesdurchschnitt.

Liegt der Osten also doch mal bei einer Sache vorn? Wer weiß schon, ob wir nicht morgen alle nur noch Hafermilch trinken?

Der Osten verändert sich andauernd. Was auch daran liegt, dass er es muss. Zwei Länder wachsen nicht mal eben zusammen.

Gleichzeitig wird der Osten immer auch ein wenig hinterher sein, weil die Welt sich manchmal noch schneller dreht, als sich der Osten anpasst. Nicht erst seit er vor 30 Jahren mit viel Wucht aus einer anderen Zeit in die westliche Gegenwart geholt wurde.

Manche sagen heute: Mit zu viel Wucht.

Aber wer hätte den Osten, der nur ein einziges MRT-Gerät besaß; dessen Straßen manche Westdeutschen an ihre Nachkriegskindheit erinnerten; in dem marodierende Neonazi-Banden 16-Jährige den »Bordstein fressen« ließen – wer hätte diesen Osten nur eine Woche länger als nötig in der Vergangenheit verharren lassen wollen?

Vielleicht waren die Wachstumsschmerzen unvermeidlich. Und jetzt, 30 Jahre später, scheinen sie erst so richtig spürbar zu werden. Die beiden oben zitierten Rapper würden vielleicht sagen: die Schmerzen ballern.

Was machen wir daraus?

Am Anfang steht eine Erkenntnis: Ja, die Wiedervereinigung hat an vielen Stellen nicht geklappt. Und an einigen ist es vielleicht auch besser so.

Viele unserer Eltern denken genau so. Nicht für alle ist es ein »Schlag ins Gesicht«, wie es Philipp Rubach von »Aufbruch Ost« es beschreibt, wenn junge Leute wieder über den Osten reden, als wären Wachstumsschmerzen der letzten Jahre völlig egal.

In einigen Zeitungen, Magazinen, auch auf Krautreporter, sind Texte über den Osten fast zu einem eigenen Genre geworden. Kürzlich kündigte uns ein Mitglied – wir würden ihm zu viel über den Osten schreiben.

Wir machen trotzdem weiter. Für uns war das Schreiben über den Osten nie nur ein Genre. Es ist auch der Versuch, den Osten aus der Schmuddelecke zu holen.

Wir wissen: Es gab mehr als magere Kühe. Warum reden wir also über den Osten, als hätte es nur magere Kühe gegeben?

Verstehe die Zusammenhänge

Viele Menschen beschäftigt ein Problem: Wir sind besser informiert als je zuvor, aber wir verstehen immer weniger. Wir sehen den Wald vor lauter Bäumen nicht mehr.

Krautreporter ist ein unabhängiges, werbefreies Magazin in Berlin. Unsere Mission: Wir helfen unseren Mitgliedern, die Zusammenhänge des aktuellen Geschehens in Politik und Gesellschaft besser zu verstehen. Wir erzählen die Geschichten hinter den Nachrichten – mit Ruhe, Sorgfalt und Zeit für gründliche Recherche.

Im vielfach ausgezeichneten Krautreporter-Team arbeiten Reporter, Designer, Rechercheure, Software-Entwickler und Fotografen zusammen, um unsere Vision von einem anderen Journalismus zu verwirklichen, und helfen unseren Mitgliedern, die Zusammenhänge zu verstehen.

Dabei schätzen wir das Wissen unserer Mitglieder und arbeiten auf Augenhöhe mit ihnen zusammen.

Tausende Mitglieder ermöglichen Krautreporter.

Werde auch du jetzt Mitglied!

Was Krautreporter anders macht

Wir sind unabhängig. Wir gehören keinem Medienkonzern. Krautreporter ist ausschließlich von seinen Mitgliedern finanziert und getragen von einer Genossenschaft.

Zeit für Qualität. Wir nehmen uns ausreichend Zeit und unsere Beiträge sind ausreichend lang, um ein Thema wirklich zu durchdringen. Unsere Reporter:innen arbeiten mit der Ruhe und der Sorgfalt, die für Journalismus nötig sind.

Dein Expertise-Netzwerk. Krautreporter-Mitglieder sind Teil der Redaktion. Wir nutzen das Wissen und die Expertise unserer Community und arbeiten mit dir zusammen.

Das bekommst du bei Krautreporter:

- Du bekommst jeden Tag ein Hintergrund-Stück aus Politik und Gesellschaft.
- Schalte Krautreporter-Beiträge für deine Freunde frei.
- Entspanntes Lesen auf einer vollständig werbefreien Plattform.
- Lies einzelne Artikel als E-Book oder lass sie dir vorlesen.

Weitere Informationen
krautreporter.de